일러스트로 다이어리 꾸미기

design eum

일러스트 다이어리 꾸미기란…?

카페에서 여유롭게 맛본 달콤한 케이크,
몇 번이고 다시 떠올리게 되는 영화 한 편,
일상의 소소하고 즐거운 일들….
언젠가부터 그런 경험들을 다이어리에 그리게 되었습니다.
이처럼 일러스트로 직접 만드는 다이어리는
제가 좋아하는 것들을 모아놓은 기록장이랍니다.

그릴 때도, 나중에 봐도, 친구에게 보여줄 때도
즐거운 나만의 다이어리 꾸미기는 계속 됩니다.
여러분도 같이 시작해보지 않을래요?

기본 일러스트 그리는 법

먼저 일러스트 그리기의 기본을 익혀볼까요.
이 기본 팁들을 익혀 두면 펜을 다양하게 바꿔가며 변화를 줄 수 있습니다.

샤프
+
수성펜
Pigma 05 사쿠라 크레파스
+
색연필

수성펜과 색연필로!

1 샤프 또는 연필로 밑그림을 그려요.

2 샤프로 그린 밑그림 위를 수성펜으로 덧칠해요.

샤프
+
펜 마카
Artwin 마비
+
색연필

마카와 색연필로!

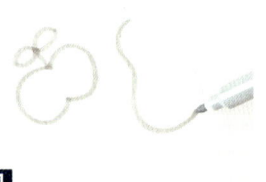

1 샤프로 밑그림을 그린 다음 굵은 펜 마카로 윤곽을 덧칠해요.

2 지우개로 연필 밑그림을 지우고 색연필로 색을 입혀요.

Pigma 05
사쿠라 크레파스

안료 잉크를 사용한 내수성 밀리펜이에요. 수성 마카로 덧칠해도 번지지 않아요.

Artwin
마비

굵은 펜과 가는 펜이 세트로 된 트윈 마카. 여기서는 회색을 사용했어요.

3

펜으로 그린 선이 마르면 지우개로 밑그림을 지워요.

4

색연필로 색을 입혀요. 칠이 덜 된 곳이나 삐져 나온 곳은 신경 쓰지 않아도 괜찮아요.

5

완성

3

세밀한 일러스트는 가는 펜 마카로 윤곽을 덧칠해요.

4

무심한 듯 색연필로 성글게 색을 입혀요.

5

완성

추천 펜

이 책에서는 다양한 펜을 사용하고 있습니다.
모티브나 상황에 맞고, 자신에게 잘 맞는 적절한 제품을 골라보세요.

Hitec 5
파이롯트

특수 펜촉과 잉크를 사용하여 작은 글자도 번지지 않고 매끈하게 쓸 수 있어요.

Uniball Signo
미쯔비시

번지지 않는 수성 안료 젤잉크를 사용하여 매끈하게 쓸 수 있는 볼펜입니다. 이 책에서는 검은 종이에도 쓸 수 있는 금색과 은색도 사용했어요.

Pulaman
펜텔

플라스틱 재질의 소프트 펜촉이 만년필 같은 감촉을 느끼게 하는 펜입니다. 일회용인데 만년필 같다고 하니 이상한가요.

Jestream
미쯔비시

부드러운 느낌으로 더없이 매끈한 필기감을 자랑하여 자꾸 찾게 만드는 유성 볼펜이에요.

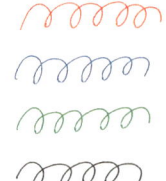

다이어리 꾸미기 도구 모음

일러스트 그리기 뿐만 아니라, 다이어리 자체를 용도에 맞게 꾸미거나 종이 자료를 붙일 때에 갖춰두면 여러모로 편리한 도구들을 소개합니다.

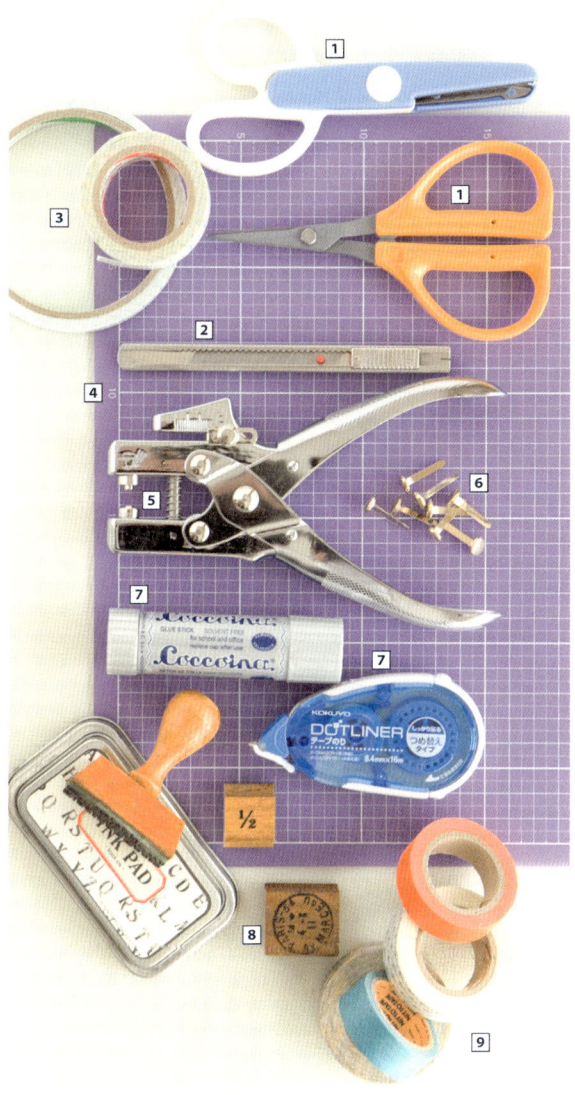

1 가위 · 핑킹가위
칼끝이 짧은 가위는 섬세한 작업에 편리해요. 핑킹가위는 지그재그 모양으로 자를 수 있어요.

2 커터 칼
두꺼운 종이나 큰 종이를 자를 때는 커터 칼을 사용해요.

3 양면테이프
다이어리에 종이나 봉투를 구겨지지 않게 붙일 수 있어요.

4 커팅 매트
커터 칼을 사용할 때 밑받침으로 쓰거나 작업대로도 사용이 가능해요.

5 아일렛 펀치
종이에 구멍을 뚫을 때 사용해요. 구멍이 포인트가 되기도 합니다.

6 스플리트 핀
구멍에 끼워 넣고 양 다리를 벌려 고정하는 핀이에요.

7 스틱 풀 · 테이프 풀
스틱 풀이나 테이프 풀 등 용도에 맞게 사용해요.

8 스탬프
문자 스탬프나 무늬 스탬프 등 다양하게 갖춰두면 편리해요.

9 마스킹테이프
다양한 색이나 무늬가 있어 장식하기에도 그만이에요.

Contents

프롤로그 004

기본 일러스트 그리는 법 006
추천 펜 008
다이어리 꾸미기 도구 모음 009

Chapter 1
일러스트 다이어리 만드는 법 011

Travel
01 카페 다이어리 014
02 여행지 먹거리 020
03 아웃도어 다이어리 026
04 산책 지도 032
일러스트 샘플 1 038

Culture
01 시네마 노트 042
02 라이브 공연 리포트 048
03 뮤지엄 다이어리 054
일러스트 샘플 2 060

Life Style
01 나의 수프 레시피 064
02 가드닝 다이어리 070
03 핸드메이드 다이어리 076
04 생활의 지혜 카드 082
일러스트 샘플 3 088

My Toolbox
노트 090

Chapter 2
소소한 메모 다이어리 091
일러스트로 그려두고 싶은 것 092

My Toolbox
필기도구 102

Chapter 3
일러스트 다이어리 공유하기 103
01 족자 편지 104
02 트렁크 편지 105
03 필드 메모 106
04 산책 안내장 107
05 비둘기가 전하는 편지 108
06 뮤지엄 가이드 북 109
07 미니 레시피 북 110
08 씨뿌리기 키트 111
09 수예용품 샘플러 112
10 태그 포스트잇 홀더 113

My Toolbox
멋진 종이 재료 114

Chapter 4
나만의 맞춤 다이어리 115
01 소프트 파일 커버 116
02 꼬임 끈 책갈피 117
03 창 봉투 포켓 118
04 끈으로 철한 표지 119
05 라벨지로 만든 둥근 인덱스 120
06 다이어리 인 다이어리 121
07 아코디언 북 122
08 커피 필터 포켓 123
09 고무 밴드 펜 홀더 124
10 잠자리 핀 봉투 다이어리 커버 125

에필로그 126

Chapter 1

How to Make a Illust Diary
일러스트 다이어리 만드는 법

여행, 카페, 아웃도어, 가드닝 등 생활 속에서 느낀 것과 체험한 것을 일러스트로 그려보았습니다. 아기자기하게 종이와 사진을 붙이면 그 순간이 생생해져요.

Travel

카페, 여행, 아웃도어, 산책 등 좋아하는 거리나 낯선 곳을 방문했던 경험을 일러스트로 그려보세요.
노트를 펼치면 다시 한 번 그때의 감동과 마주할 수 있답니다.

Chapter **1** **How to Make a Illust Diary**

Travel 01

카페 다이어리
cafe

맛있는 커피와 케이크, 멋진 인테리어와 음악. 이처럼 카페에서 보낸 행복한 시간을 그려둔 다이어리입니다. 손으로 그리는 일러스트로 기분 좋은 추억이 되살아나요.

모눈종이 노트를 사용했어요.
모눈종이는 선을 그릴 때 가이드 라인도 됩니다.

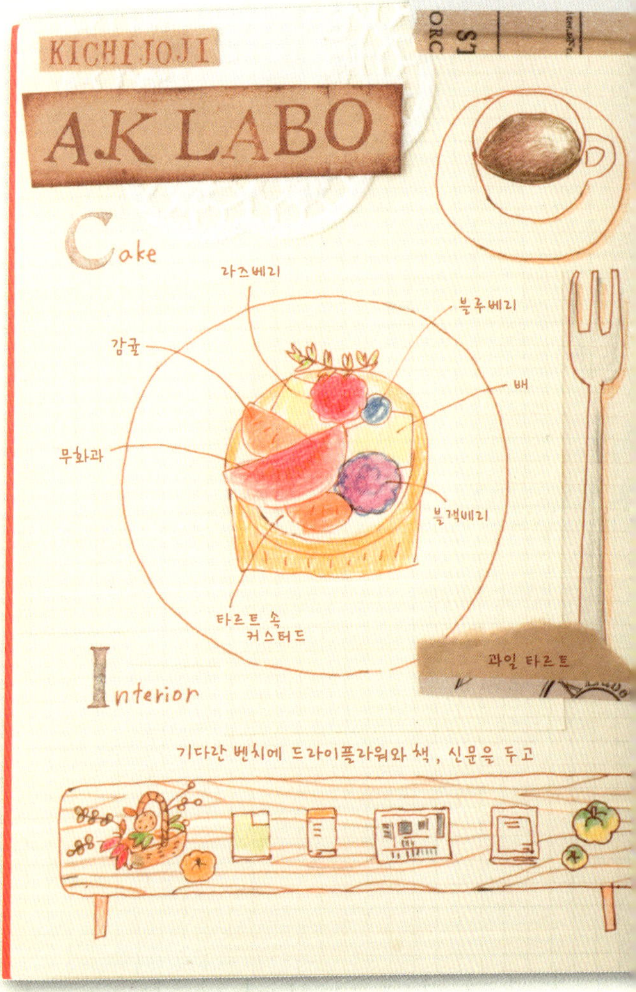

케이크와 인테리어, 분위기도 떠올려 보고 노트 위에 그리며 다시 한 번 즐기는 카페 타임!

① 케이크 맛있게 그리기

케이크는 먹기 전에 가볍게 스케치를 해놓고 맛을 보면서 재료를 메모합니다. 일러스트로 예쁘게 그려주면 그때의 맛이 되살아나요.

② 인테리어와 소품에도 주목

모던한 의자와 테이블, 무심한 듯 놓아둔 화분 등 좋은 느낌이 들었던 인테리어 소품들을 체크해둡니다. 자기 방을 꾸밀 때도 참고가 된답니다.

③ 물건 + 분위기 그리기

보이는 것뿐만 아니라 분위기를 스케치하는 것에도 도전해 봅니다. 물결무늬와 음표로 음악을 표현하여 행복한 시간을 그려둡니다.

④ 스탬프와 색으로 카페 분위기 내기

다이어리 타이틀은 크래프트지로 낡은 태그 분위기를 내고, 글자는 첫 알파벳만 스탬프로 찍어 눈에 띄게 합니다. 펜도 갈색을 사용하여 카페 분위기를 냅니다.

⑤ 명함이나 포장지 활용하기

카페의 명함과 포장지도 활용합니다. 가지고 있는 종이 재료들을 콜라주처럼 붙여요.

Chapter **1** How to Make a Illust Diary

Travel
01 카페 다이어리

일러스트 기법

카페에서 맛본 케이크를 그려 볼까요

Choose
파이롯트(브라운)
물과 빛에 강한 수성안료 젤잉크펜. 금색과 은색을 합해 전체 15색.

Point
커피색 수성펜에 색연필로 색을 입혔어요.

일러스트 응용   **다양한 디저트 케이크를 그려 볼까요**

Lesson!

군침이 꼴깍! 디저트 그리는 법

타르트는 원형, 조각 케이크는 삼각형, 파이는 사각형. 이런 식으로 먼저 밑그림을 그린 다음 그 위에 크림과 과일을 올립니다. 속에 든 커스터드는 먹으면서 확인하고요. 그림으로 표현하면 새로운 발견을 할 수 있고 디저트를 더 다양하게 즐길 수 있답니다.

cafe

> **Point**
> 찢은 크래프트지에 스탬프로 카페 이름을 찍어 타이틀로.

도쿄의 카페 'JUHA'

음악과 영화를 좋아하는 사장님이 있는 도쿄 니시오기쿠보의 카페 JUHA. 간판 메뉴와 공간 배치도, 가게 분위기를 일러스트로 그렸어요.

① 외관과 공간 배치도 그리기

인상적이고 예쁜 외관은 사진으로 찍은 다음에 그림으로 그렸습니다. 배치도를 그리고 곡선 화살표로 마음에 든 인테리어를 체크해요.

② 포스터 모사하기

가게 이름은 아키 카우리스마키의 영화 『JUHA』에서 따왔다고 하네요. 가게에는 영화 포스터도 장식되어 있어요.

③ 종이 제품으로 포켓 만들기

종이 레이스와 홍차 패키지로 포켓을 만들었습니다. 포켓 속에는 카페 명함 등을 수납해요.

④ 종이 컵받침에 배경 음악을 메모

마음에 와 닿는 음악이 있다면 가게 점원에게 물어 메모를 합니다. 종이 컵받침을 쓰는 가게라면 그 뒤에 메모해도 좋겠죠.

Chapter **1** How to Make a Illust Diary 017

Travel
01 카페 다이어리

Point
무표백 커피 필터를 수증기 모양으로 오려 내어 가게 이름을 레터링해요.

삿포로 카페 '미야코시야 커피'

삿포로에 본점이 있는 '미야코시야 커피' 에비스점은 오리지널 컵과 소서가 멋지답니다! 그려보고 싶어지는 컵이죠. 이국적인 분위기의 데스크석도 매력 만점이에요.

① **커피 컵 그리기**
컵은 보이는 각도 그대로 그리고 원근법보다는 이미지를 중시합니다. 컵 모양이나 손잡이 굵기를 잘 살피면 특징이 눈에 들어올 거에요.

② **간판과 데스크도 스케치**
조명을 늘어뜨린 열차 좌석 같은 테이블석과 어른스러운 분위기의 오픈 테라스, 클래식하고 귀여운 입간판도 스케치해요.

③ **홍차 패키지를 포켓으로**
종이 성냥을 티백 포켓에 넣었습니다. 이걸 보면 '다음에 삿포로에 가면 한 번 들러야지' 하는 생각이 들겠죠.

cafe

일러스트 기법 테라스 풍경을 스케치해 볼까요

산책 중인 프렌치 불독이 커피를 마시는 주인님을 얌전하게 기다리고 있는 모습이 귀여워서 그 장면을 그림에 넣었어요.

맞춤 tip 홍차 패키지로 포켓 만들기

티백을 꺼낸다. | 윗부분을 가위로 깔끔하게 자른다. | 노트에 양면테이프로 붙인다.

monologue

감성을 키우는 카페 시간

약속시간 전후나 새로운 발상이 필요할 때는 카페에 갑니다. 그윽한 커피 향을 음미하며 한숨 돌리거나 아이디어를 짜내요. 저는 투박하리만치 심플한 인테리어와 은은한 음악이 울려 퍼지는 카페를 좋아합니다. 카페 인테리어를 스케치하는 것만으로 내 것이 되는 듯한 기분이 들거든요. '멋진데!' 라고 생각했던 것을 그리는 것으로 감성 안테나가 연마되는 느낌이랄까요.

Chapter **1** How to Make a Illust Diary

Travel 02

여행지 먹거리
Food

여행하면 먹거리! 여자 넷이서 함께한 맛집 여행, 홍콩의 조식 등 여행지에서의 다양한 음식의 추억을 일러스트로 기록했습니다. 돌이켜보니 여행의 즐거움이 다시금 밀려드네요.

무인양품의 모눈 더블 스프링 노트를 사용했어요. 붙일게 많을 때는 스프링 노트가 편리해요.

맛있었던 요리를 노트에
넘칠 만큼! 여자 넷이서
함께 한 맛집 여행 리포트
at 서울

① **맛있었던 요리 그리기!**
맛있었던 요리의 이미지를 그대로 일러스트로 그려요. 일러스트는 사진보다 훨씬 강렬하게 남을 때가 있어요.

② **타이틀은 라벨로**
라벨에 가게 이름을 써서 타이틀로 사용했어요. 일본인인 저는 한국어를 흉내내어 써보았습니다. 그때가 생생하게 느껴져 더욱 즐거워요.

③ **목차는 마스킹테이프로**
페이지 모서리는 마스킹테이프로 장식했어요. 여행지마다 색을 정하면 목차를 알아보기 쉬워 편리해요.

④ **왁자지껄한 분위기는
말풍선 이미지로 표현**
가게에서 모두 수다에 열중하느라 엄청난 활기가 느껴졌죠! 왁자지껄한 분위기는 말풍선에 색을 입혀 표현했어요.

⑤ **미니 앨범에 사진 저장하기**
카페 메뉴판에 칼집을 내고 즉석카메라로 찍은 사진을 끼워 아코디언 모양의 미니 앨범으로 만들었어요.

Chapter **1** How to Make a Life Log Note

Travel
02 여행지 먹거리

일러스트 기법
요리 일러스트를 그려요

Point
색을 도드라지게 하기 위해 선은 굵은 회색 마카로 그려요.

Artwin
마비(그레이)
+
색연필

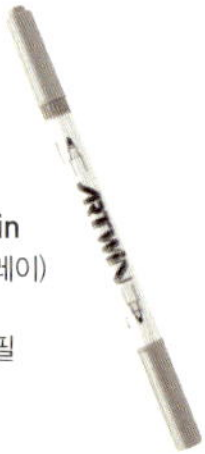

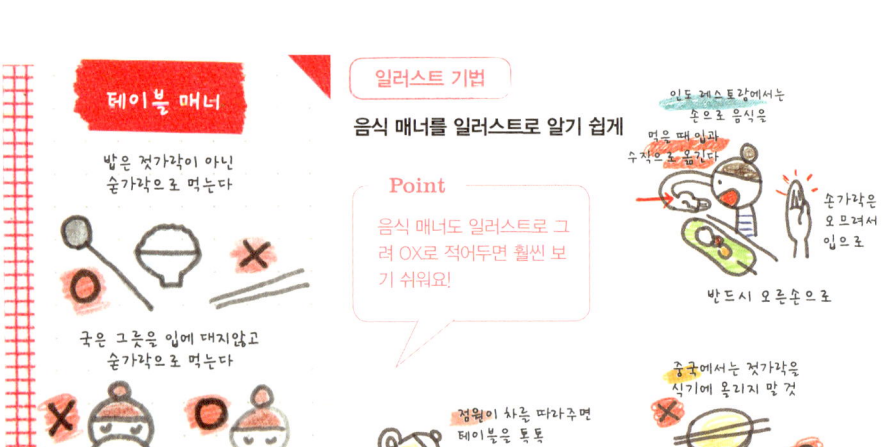

일러스트 기법
음식 매너를 일러스트로 알기 쉽게

Point
음식 매너도 일러스트로 그려 OX로 적어두면 훨씬 보기 쉬워요!

테이블 매너

밥은 젓가락이 아닌 숟가락으로 먹는다

국은 그릇을 입에 대지않고 숟가락으로 먹는다

인도 레스토랑에서는 손으로 음식을 먹을 때 왼손과 수작은 옮긴다

손가락은 오므려서 입으로

반드시 오른손으로

중국에서는 젓가락을 식기에 올리지 말 것

점원이 차를 따라주면 테이블을 톡톡

고마워요

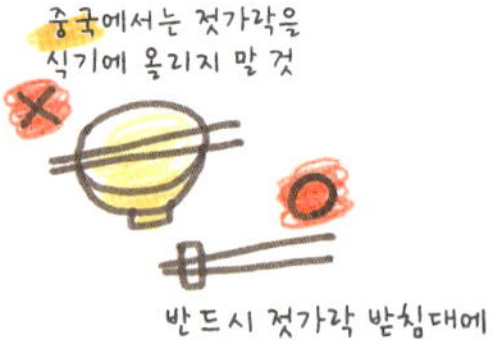

반드시 젓가락 받침대에

Food

맞춤 tip

타이틀은 라벨지로

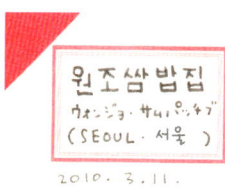

노트 모서리는 마스킹테이프로 장식해요. 나라 별로 색을 달리하여 인덱스로 만들어요.

맞춤 tip 숍 카드와 지하철 지도 붙이기

가이드북에서 지하철 지도를 오려 붙인 다음 접어 넣었어요. 가게에서 가까운 역도 정확히 체크해 두면 다음 여행 때 다시 방문해도 쉽게 찾아갈 수 있겠죠.

맞춤 tip

미니앨범 만들기
만드는 법은 p122

현지 카페에서 받은 메뉴판의 네 귀퉁이에 칼집을 넣고 음식을 찍은 사진을 끼워 미니앨범으로 만들었어요.

Lesson!

여행 종이 활용법

여행지에서는 숍 카드, 트레이에 깔린 매트 등 종이로 된 것은 뭐든지 가지고 옵니다. 외국의 인쇄물에는 종이 질도 색도 그 나라만의 독특한 분위기가 있거든요. 그것을 스크랩하여 사용하면 이국적인 분위기를 연출할 수 있답니다.

Chapter **1** How to Make a Illust Diary

Travel

02 여행지 먹거리

> **Point**
> 설탕과 이쑤시개 포장지도 가져 와서 활용해요!

카페 드 코랄 at 홍콩

카페 드 코랄은 홍콩의 로컬 패스트 푸드점입니다. 죽 요리를 중심으로 다양한 세트를 즐길 수 있는 인기 가게예요.

① 플레이트를 일러스트로 그리기

순 무떡을 올린 죽과 커피 등이 놓인 플레이트를 일러스트로 그려보았습니다. 중국식 죽을 영어로 'congee'라고 하는 것도 잊지 않도록 메모했어요.

② 가게에서 편히 쉬는 사람 그리기

홍콩에서는 아침밥을 밖에서 먹는 사람이 많아 이곳도 이른 아침부터 많이 북적입니다. 맞은편 아저씨는 경마 신문을 펼치고 편히 쉬는 중이었어요.

③ 설탕 봉지와 영수증 붙이기

오렌지빛 설탕 봉지가 예뻐서 가지고 돌아와 영수증과 함께 붙여 보았어요. 세트에 홍콩달러 19$로 저렴한 편.

Food

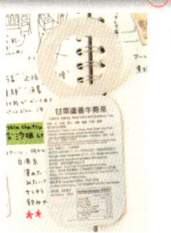

Point 마스킹테이프에 역이름을 써서 알기 쉽게 했어요.

홍콩 주스 탐방

홍콩에서 자주 눈에 띈 것이 역에 있는 주스 스탠드였습니다. 그것도 몸에 좋은 한방 주스. 그 효능이 적힌 태그와 소감을 다이어리에 기록했어요. 한방 주스 스탠드는 우리 동네에도 생기면 좋을 것 같아요.

monologue

일러스트로 그리고 싶어지는 여행의 즐거움

저는 여행을 아주 좋아합니다. 그 중에서도 최근에는 맛있는 음식을 찾아 아시아만 다니고 있어요. 여행을 하면 '이 감동을 기록해 두었으면' 하는 생각이 들기 마련이죠. 여행지에서 먹은 요리도 일러스트에 메모를 덧붙여 두면 재료나 내용을 한눈에 알 수 있답니다. 거기에 감상이나 사람을 관찰해 기록하면 맛과 함께 식당의 분위기를 되살릴 수 있어 여행의 즐거움이 한결 더해집니다.

Chapter 1 How to Make a Illust Diary

Travel **03**

아웃도어 다이어리
Outdoor

한 여름 캐나다 로키산맥을 방문했던 6일간을 일러스트로 만든 아웃도어 다이어리입니다. 거대한 풍경에서 소소한 에피소드까지 자유로운 시점으로 인상적인 장면을 그렸습니다.

로디아의 더블 스프링 노트는 항상 챙겨둘 만큼 좋아해요.

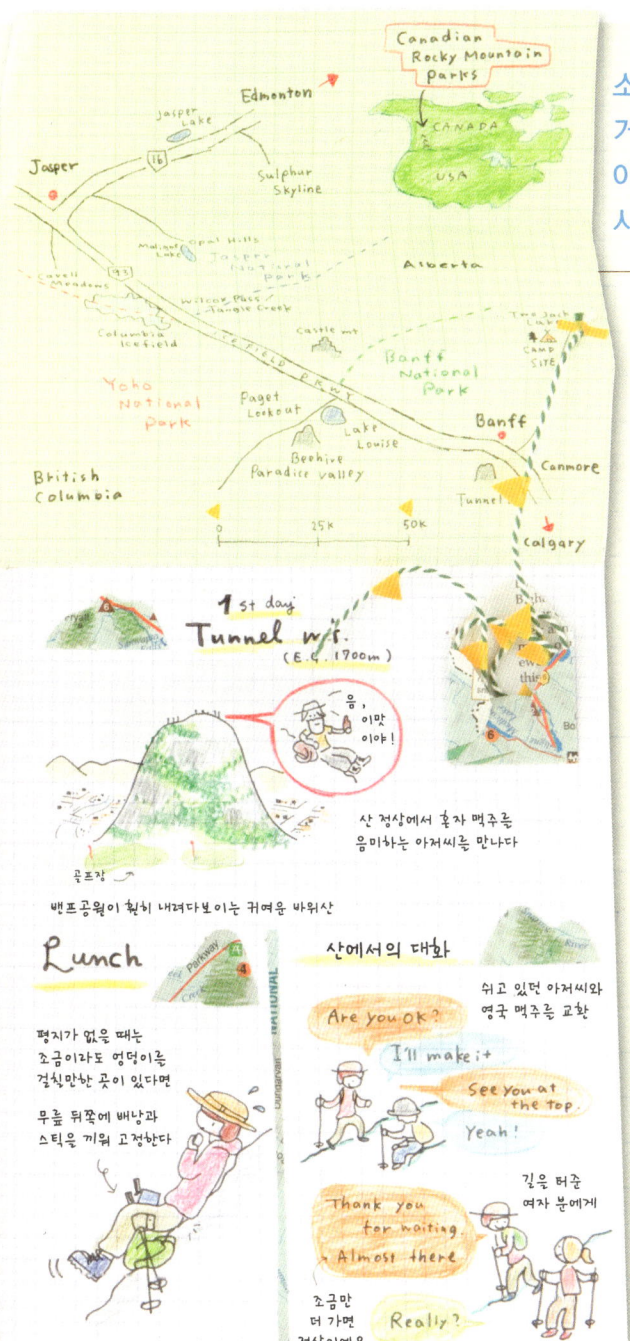

소소한 에피소드에서 거대한 풍경까지. 일러스트가 아니고는 할 수 없는 자유로운 시점으로 여행을 기록해요.

① **지도를 산 모양으로 오려 아이콘으로**
지도를 두 가지 초록색 색연필로 칠해서 훨씬 사실적으로 보여요.

② **소지품 리스트도 일러스트로**
소지품 리스트는 글자보다 일러스트가 눈에 잘 들어옵니다. 이 계절에는 이런 장비로 갔었다는 기억도 되살리기 쉬워요.

③ **인쇄물 사진을 콜라주로**
가이드북의 사진을 오려 붙였습니다. 일러스트와 함께 인쇄물이 들어가면 공간을 꽉 채워주는 느낌이 들어요.

④ **지도에 꼬임 끈으로 만든 자 붙이기**
실제 지도를 참고해서 방문했던 장소를 한눈에 알아볼 수 있도록 그렸습니다. 50km마다 꼬임 끈으로 만든 자에 깃발을 붙였어요.

⑤ **간식이나 산에서의 대화를 메모**
경사진 곳에서 간식을 먹는 법과 산에서 만난 사람들과 나눈 영어회화 등 사진으로 찍을 수 없는 인상적인 장면도 떠올려 일러스트로 그려요.

Chapter 1 How to Make a Illust Diary

Travel

03 아웃도어 다이어리

일러스트 기법 — 아웃도어 상품을 그려 볼까요

> **Point**
> 아웃도어 용품은 일러스트로 그려도 재미있어요. 세세한 부분은 생략하고 그려요.

Pigma 05
사쿠라 크레파스
+
색연필

> **맞춤 tip**
> **지도를 산 모양으로 오리기**
> 안내소에서 받은 지도를 산 모양으로 오려 아이콘으로 사용합니다. 산등성이가 보이게 두가지 초록색 색연필로 입체감을 살렸어요.

1 지도를 준비한다.

2 산 모양으로 오린다.

3 색연필로 그림자를 그린다.

outdoor

맞춤 tip

손수 만든 지도와 꼬임 끈 자

베이스로 삼았던 장소를 출발 지점으로 하는 지도를 만들었습니다. 50km 마다 꼬임 끈에 깃발을 붙여 이동 거리를 알 수 있어요.

1. 끈과 테이프를 준비한다.
2. 끈을 끼우고 테이프를 붙인다.
3. 삼각형으로 잘라 깃발을 만든다.

맞춤 tip **꼬임 끈 자를 수납하는 미니 봉투**

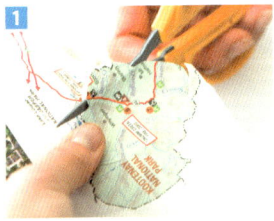
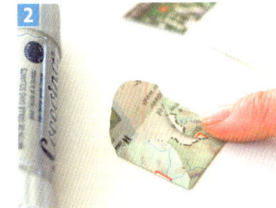

1. 지도를 봉투 모양으로 자른다.
2. 접고 붙여서 봉투를 만든다.

Lesson!

인상적인 장면은 머릿속에 메모

인상적인 장면은 기억해 뒀다가 밤에 잠자기 전 쓱쓱 스케치 해둔 다음 일러스트로 그렸습니다. 산에서의 대화는 아이폰의 SMS처럼 자신과 상대의 말풍선 색을 바꿔주세요. 일러스트를 보면 바로 상황을 알 수 있겠죠.

Chapter **1** How to Make a Illust Diary

Travel
03 아웃도어 다이어리

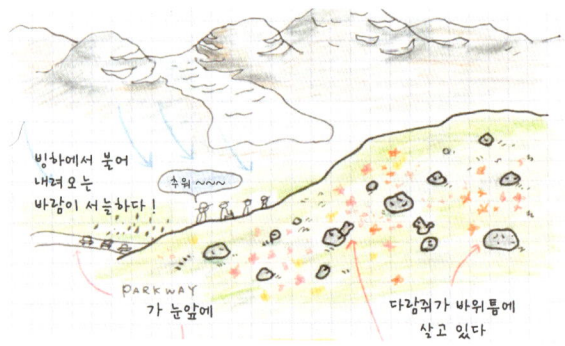

다음날 그리기

차가운 바람이 내리치던 콜롬비아 대빙하. 바로 앞은 다람쥐가 뛰노는 사랑스런 들판, 골짜기 사이로 난 고속도로. 그런 대자연도 초광각 렌즈로 바라본 것처럼 한 화면으로 그려봤어요. 자신이 어디에 있는지 알 수 있도록 단면도도 넣었습니다.

1 산 정상에서의 체험을 일러스트로
지구를 내려다보는 듯한 조망이나 바위 위에 돌을 겹쳐 쌓은 것 등 산 정상에서의 체험도 일러스트로 그려두면 그 시간을 돌이켜 볼 수 있어요.

2 고산식물도 스케치
땅속에서 삐죽 고개를 내밀고 있는 웨스턴 아네모네, 정직한 사람을 노랗게 비춘다는 미나리아재비 등 산행길에 봐둔 고산식물들도 메모했어요.

3 사진을 붙여 앨범으로
에메랄드 호수에서는 카누 한 대를 빌려 친구와 교대로 기념 촬영을 했습니다. 그 사진을 봉투 모서리를 이용하여 앨범 분위기로 꾸며봤어요.

outdoor

> **맞춤 tip**

봉투 귀퉁이를 사용하여 앨범 분위기로

못 쓰는 봉투 모서리를 잘라 붙여 포토 앨범처럼 꾸며봤어요.

> **맞춤 tip**

포켓이 달린 표지 커버 만들기

표지에 지퍼백을 붙여 표지 커버로 사용해요.

1. 노트 크기에 맞춰 지퍼백 아래를 자른다.
2. 지퍼백 크기에 맞춰 표지의 위아래를 자른다.
3. 지퍼백을 노트에 씌운다.
4. 투명테이프로 지퍼백 아래를 표지에 붙인다.

monologue

카메라 없이 떠나는 여행

걸스카우트 활동을 한 적이 있어 예전부터 여름이 되면 산으로 갔습니다. 캐나다 로키도 걸스카우트 멤버들과 함께 방문했던 곳이에요. 그때 한 친구가 카메라 없이 쌍안경만을 갖고 여행을 하더군요. 그 모습을 보고 카메라가 있으면 사진 찍는데 열중하느라 눈앞에 펼쳐진 풍경을 눈으로 보고 느끼는데 소홀해질 수도 있겠다는 생각이 들었습니다. 그래서 두 눈 속에 가득 머금어 두었던 풍경을 일러스트로 그려보았습니다.

Chapter **1** How to Make a Illust Diary

Travel **04**

산책 지도
walk

정말 좋아하는 거리, 도쿄의 야나카. 이 거리에서 마음에 든 가게나 들르고 싶은 포인트를 그려 저만의 산책 지도를 만들었습니다. 복사해서 친구들에게 나눠주면 정보를 공유할 수도 있어요.

잡화점에서 발견한 헝가리 노트는 표지 디자인이 예뻐 산책 분위기와 딱 어울려요.

마음에 든 가게나 포인트를 그려두면 거리를 산책하는 감각이 쑥!

① **일러스트 지도에 도전!**
잡지 가이드맵 등을 참고하여 좋아하는 거리의 지도를 만든 다음 자주 가는 가게나 마음에 든 포인트를 일러스트로 그렸어요.

② **마스킹테이프로 도로 만들기**
선로나 도로는 마스킹테이프를 활용하면 보기에도 깔끔하고 뗐다 붙일 수도 있어 편리해요. 버스가 지나는 도로는 굵게, 골목길은 가늘게 만들어요.

③ **다양한 색상의 스티커를 사용하여 가게를 분류**
노란색은 튀김 가게, 초록색은 맥주 가게로 스티커를 색상 별로 나눠놓으면 정보를 정리할 수 있습니다. 분류는 본인 편리한 대로 하면 OK!

④ **자투리 공간은 콜라주**
거리 곳곳의 가게에서 모은 그래픽 카드를 붙이면 그 거리다운 풍경이 다이어리에 물씬 풍겨납니다.

⑤ **인상 깊었던 장면 그리기**
울타리 위의 고양이와 눈이 마주쳤던 일 등 인상 깊었던 상면을 일러스드로 그립니다. 사소한 장면 하나로 그 날의 분위기를 떠올릴 수 있어요.

Chapter 1 How to Make a Illust Diary   033

Travel
04 산책 지도

일러스트 기법

도로는 마스킹테이프로

그리기 어려운 도로도 마스킹테이프를 사용하면 간단합니다. 좁은 도로는 테이프를 가늘게 잘라 사용하면 훨씬 지도다워져요.

Point
큰길에는 마스킹테이프를 겹쳐서 붙인 다음 거리 이름을 썼어요.

1. 테이프를 붙여 큰길을 만든다.

2. 테이프를 칼로 가늘게 자른다.

3. 작은 길을 만든다.

일러스트 기법

크로켓 모티브 콜라주

야나카에선 크로켓 먹는 재미를 빠트릴 수 없죠! 다 먹은 크로켓 봉지를 깨끗하게 닦아서 가져온 다음 콜라주 재료로 재활용했어요.

Point
가져온 크로켓 봉지를 사용!

1. 크래프트지를 둥그스름하게 찢어 크로켓 모양을 만든다.

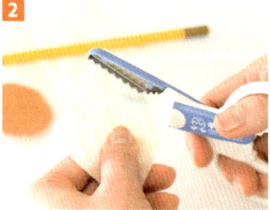

2. 봉지 끝을 핑킹가위로 자른다.

3. 크로켓을 넣어 붙인다.

walk

`일러스트 응용` 거리에서 만난 사람과 동물을 그려볼까요

Hitec 5
파이롯트
+
색연필

Point
인상적인 장면은 기억해 뒀다가 일러스트로 그려요.

고맙습니다 (엄마 목소리)
자, 고구마야

아~ 나른해
고양이들이 주차장 양지에 모여 있다

상당한 높이
거리의 낙엽을 모으는 초등학생

Lesson!

마스킹테이프 활용법

다양한 디자인이 재미있는 마스킹테이프. 마무리가 깔끔하고 실패해도 다시 붙일 수 있는 점이 매력적이죠. 붙이고 꾸미는 것뿐 아니라, 줄긋기 같은 그림 그리기의 기본에도 활용할 수 있어 편리합니다.

Chapter 1 How to Make a Illust Diary

Travel

04 산책 지도

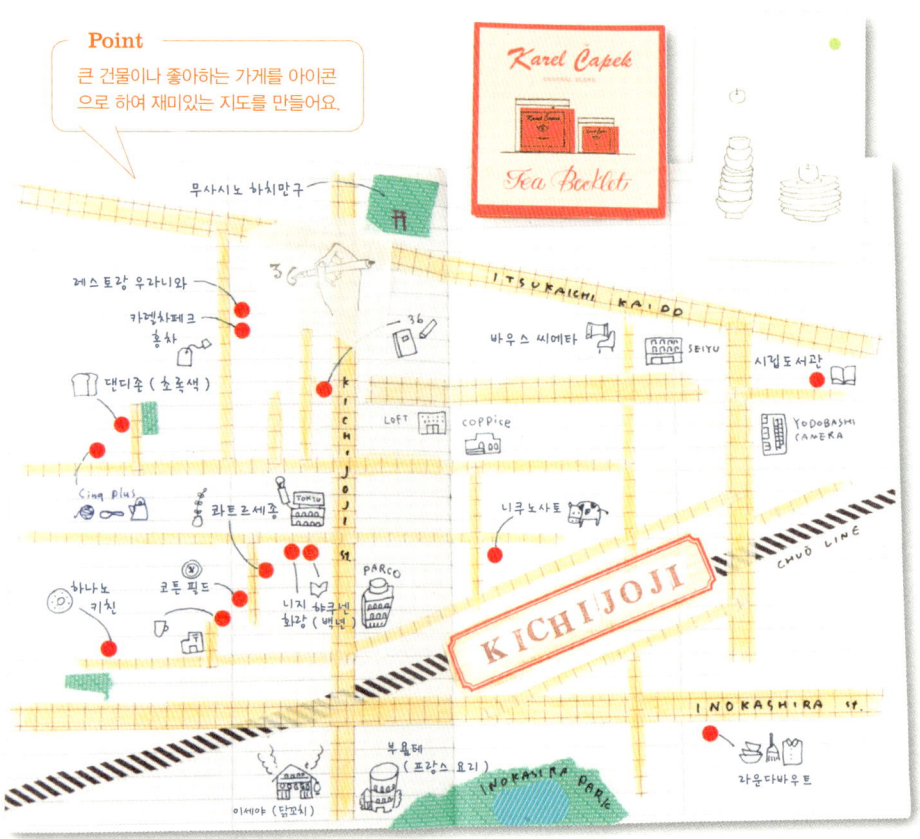

Point
큰 건물이나 좋아하는 가게를 아이콘으로 하여 재미있는 지도를 만들어요.

기치조지 산책 지도

어릴 적부터 익숙한 도쿄의 기치조지. 늘 감각적인 곳이지만, 지도를 만들면 자신이 좋아하는 공간이나 루트가 보여 새로운 발견을 할 수 있답니다.

② **초록색 종이로 녹지를 표현**
예쁜 초록색 봉투 뒷면을 공원 같은 녹지가 있는 곳에 오려 붙였습니다. 산책 중에 잠깐 쉬어가는 포인트 표시로 삼아요.

④ **건물도 일러스트로**
거리의 랜드마크인 큰 건물도 일러스트로 그렸습니다. 백화점 옥상에 풍선을 띄우는 식으로, 정확함보다는 이미지를 중시해요.

① **라벨지로 전철 역 표시하기**
마스킹테이프의 선로 상에 긴 라벨을 붙여 기치조지역을 표시했습니다. 역 이름은 스탬프로 낡은 레터링 느낌을 줬어요.

③ **가게를 아이콘으로**
정육점은 소, 문방구는 연필과 노트 등 가게를 아이콘으로 표시했습니다. 문자보다 그림이 훨씬 눈에 잘 들어와요.

⑤ **도로나 역 이름은 알파벳으로**
도로나 역 이름은 알파벳으로 쓰고, 거리 분위기에 맞춰 세련된 느낌을 주면 자연스럽게 디자인에 익숙해질 거예요.

`walk`

> 일러스트 기법 　랜드마크를 일러스트로 그려볼까요

   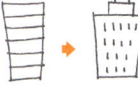  

Point
자신이 즐기기 위한 것이니까 건물도 이미지에 중점을 두고 귀엽게 그려요.

  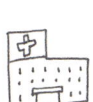    

> 일러스트 응용 　다양한 가게 아이콘

   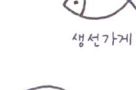  

monologue

항상 축제 같은 거리, 도쿄 야나카

야나카에서 컴퍼스와 지도를 들고 체크 포인트를 찾으면서 걸었지요. 산이 아닌 야나카 부근을 선택한 이유는 친구의 권유 때문입니다. 번화한 거리와 술집 앞에서 맥주 박스에 걸터앉아 술과 안주로 목을 축이는 사람들, 도둑고양이가 거리낌 없이 거리를 어슬렁거리는 모습…. 이곳 특유의 정겨운 분위기가 정말 맘에 들어 자주 다니며 즐기는 거리가 되었답니다.

Chapter **1** How to Make a Illust Diary

일러스트 샘플 1

Travel

Culture

일러스트 다이어리

영화 속 기억에 남는 장면을 모으거나, 라이브 공연이나 박물관 공간을 그대로 그림으로 나타내 봅니다.
지적 호기심을 자극하는 체험도 일러스트로 그려요.

Chapter **1** How to Make a Illust Diary

Culture 01

시네마 노트
cinema

영화를 보면 의상이나 소품, 인테리어 등이 기억에 남아요. 스토리나 감상만을 다루지 않고, 영화 속의 멋진 포인트를 일러스트로 그려 모은 것이 시네마 노트입니다.

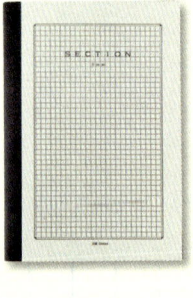

5mm 모눈종이 노트. 종이 질이 좋아 펜의 움직임도 매끄럽게 잘 그려져요.

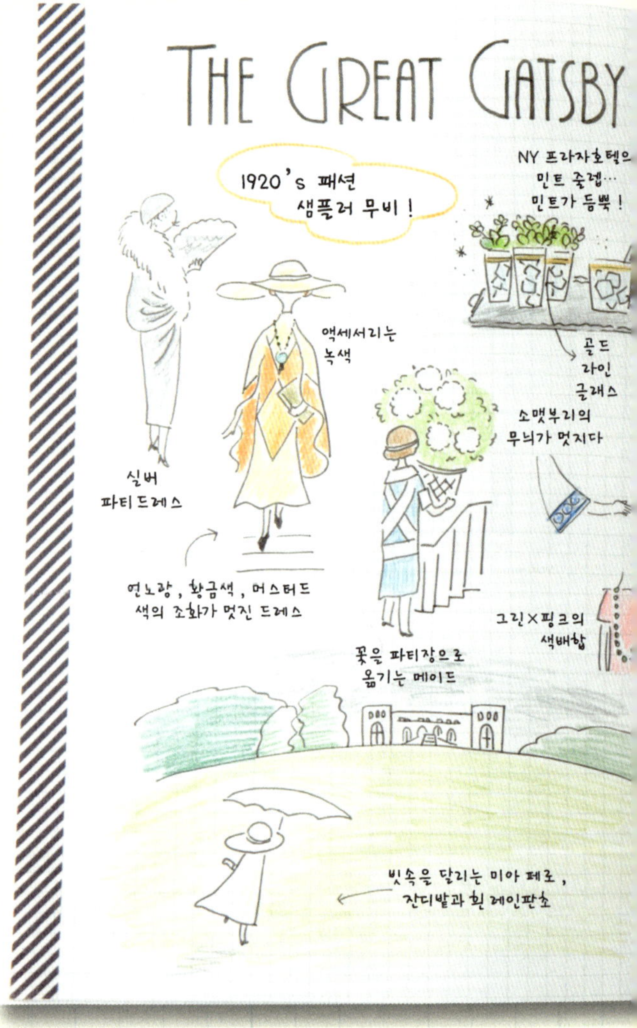

THE GREAT GATSBY

1920's 패션 샘플러 무비!

NY 프라자호텔의 민트 줄렙… 민트가 듬뿍!

액세서리는 녹색

골드 라인 글래스

실버 파티 드레스

소맷부리의 무늬가 멋지다

연노랑, 황금색, 머스터드색의 조화가 멋진 드레스

꽃을 파티장으로 옮기는 메이드

그린×핑크의 색배합

빗속을 달리는 미아 패로, 잔디밭과 흰 레이판쇼

옷, 식기, 잡화에 인테리어…
세부를 보면 영화는
점점 재미있어진다!

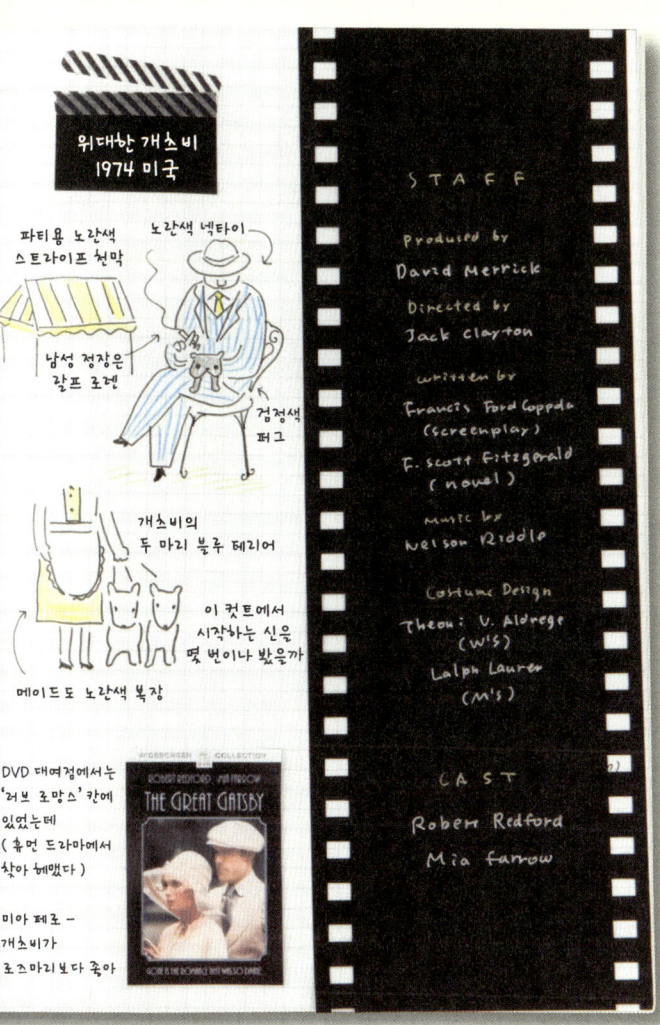

① **타이틀 서체도 영화의 일부**
다이어리 타이틀은 영화 포스터를 보고 그리면 화면이 확 살아나요.

② **스토리보다 디테일 보기**
패션, 거리 풍경, 인테리어 등 구체적으로 볼거리를 정하면 영화를 보는 방법이 다양해져요.

③ **의상을 일러스트로 메모**
이 영화의 볼거리는 1920년대 패션. 노랑 배색이 예쁜 드레스, 소맷부리 모양 등 시선을 사로잡은 부분을 일러스트로 그려요.

④ **사람 얼굴은 굳이 그리지 않기**
그리기 까다로운 얼굴 정면은 굳이 그리지 않아도 괜찮아요. 옆모습이나 뒷모습으로 대신하면 됩니다. 실제 영상과 달라도 느낌이 전해지면 OK!

⑤ **엔딩 크레딧 분위기로**
스태프나 캐스트는 검은 종이에 금색, 은색 펜으로 써서 엔딩 크레딧 분위기를 살렸습니다. 뒷면에는 감독이나 배우의 다른 작품을 메모합니다.

Chapter **1** How to Make a Illust Diary

Culture

01 시네마 노트

> 일러스트 기법 — 타이틀을 따라 그려볼까요

THE GREAT GATSBY

영화 포스터를 보면서 타이틀을 그렸습니다. 그래픽 요소도 영화 이미지의 일부란 걸 느낄 수 있어요.

Point
연필로 밑그림을 그린 후 펜으로 덧그려요.

Pulaman
펜텔
+
색연필

> 일러스트 기법

패션의 사용에도 주목

멋지다는 생각이 드는 부분은 화면을 일시 정지하고 스케치.

Uniball Signo
미쯔비시

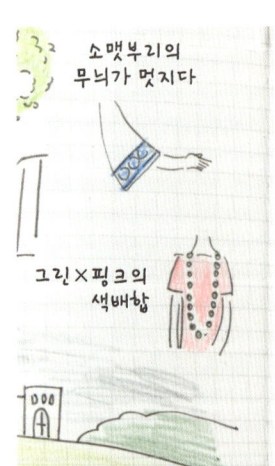

소맷부리의 무늬가 멋지다

그린×핑크의 색배합

cinema

일러스트 기법

얼굴은 굳이 안 그려도 돼요

사람 얼굴은 그리기가 어려워요. 여기서는 의상에 초점을 맞추고 싶어서 일부러 모자로 얼굴을 가리거나 뒷모습을 그렸습니다.

 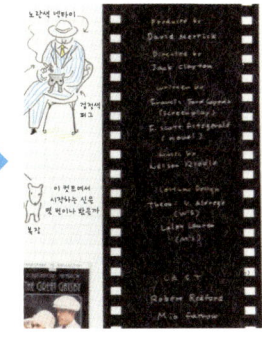

맞춤 tip

엔딩 크레딧 분위기

뒷면에는 감독이나 배우와 연관된 다른 작품 정보를 적어두면 다음에 영화를 볼 때 참고가 돼요.

맞춤 tip

눈길을 끄는 시네마 아이콘

Point

검은 종이 × 스트라이프 마스킹테이프로 힘들이지 않고 완성해요.

Lesson!

영화는 세부가 재미있다

『위대한 개츠비』는 소품 사용법도 흥미로워요. 그 중에서도 인상적이었던 것은 바람기 이야기가 뒤섞여 있는 장면에 나온 민트가 수북이 담긴 상큼한 음료. 줄거리를 적지 않아도 그 장면이 떠올라요.

Chapter **1** How to Make a Illust Diary 045

Culture 01 시네마 노트

흑인 오르페

안토니오 카를로스 조빔의 보사노바 명곡에 실려 펼쳐지는 리오 카니발의 하루. 축제의 종이 장식이 제 눈길을 사로잡고 말았어요! 축제 장식을 중심으로 일러스트를 그려보았습니다.

① 인물을 과장되게 변형하기

주인공의 양갈래 머리가 예뻐 목을 조금 길게 그렸습니다. 갈색 피부와 어울리는 컬러풀한 옷의 색감도 멋졌어요.

② 포인트는 종이 아이템

가장 마음에 들었던 영화의 볼거리는 컬러풀한 종이 소품과 깃발 같은 종이 장식. 브라질까지 사러 가고 싶어지네요.

③ 스태프 정보도 체크

나중에 미술 감독이 고다르 감독의 영화에 관여한 사람이란 걸 알고 '이런 감각이 고다르 영화로 이어졌구나.' 하는 생각에 영화가 더욱 흥미진진했답니다.

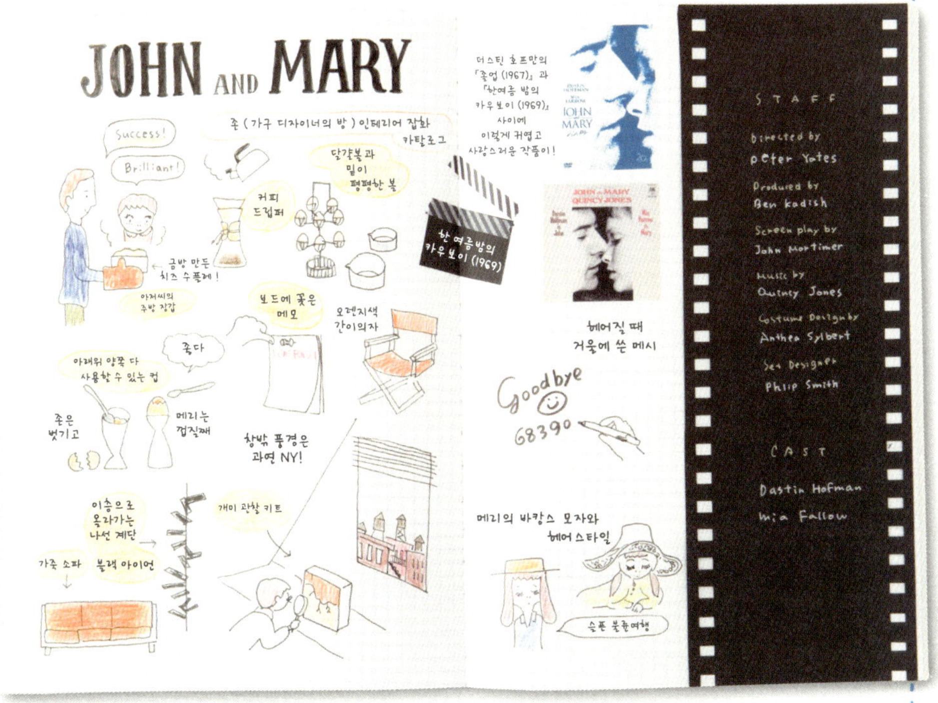

존과 메리

『위대한 개츠비』의 미아 페로가 출연한 영화. 60년대 뉴욕을 배경으로 한 젊은 커플의 이야기입니다. 주인공인 가구 디자이너의 재치있는 디자인에 주목.

monologue

스토리보다 중요한 것

대학에서 영상을 전공한 적도 있어서 영화를 보면 컷 나누기나 조명 등 카메라 이면의 일들이 궁금해집니다. '이 색이 주인공의 마음을 나타내고 있을지도 몰라.' 같은 생각을 하는 것도 좋아하죠. 이처럼 작은 발견을 일러스트로 그려나면 자신이 어떤 걸 좋아하는지 알게 됩니다. 그리고 영화를 보고 스며든 이미지가 언젠가 자신의 디자인이나 일러스트 요소로 나올 수 있다면 정말 좋겠죠.

Chapter 1 How to Make a Illust Diary

Culture 02

라이브 공연 리포트
Music

해외여행을 가면 라이브 공연장을 자주 찾습니다. 좋아하는 음악을 다양한 사람들과 공유하는 공간을 좋아해서죠. 사진으로는 표현할 수 없는 그런 무대의 설렘을 일러스트로 그려보았습니다.

갈색 표지에 연한 하늘색 종이로 된 컬러링 노트. 라이브의 생생함이 전해질 것 같아요.

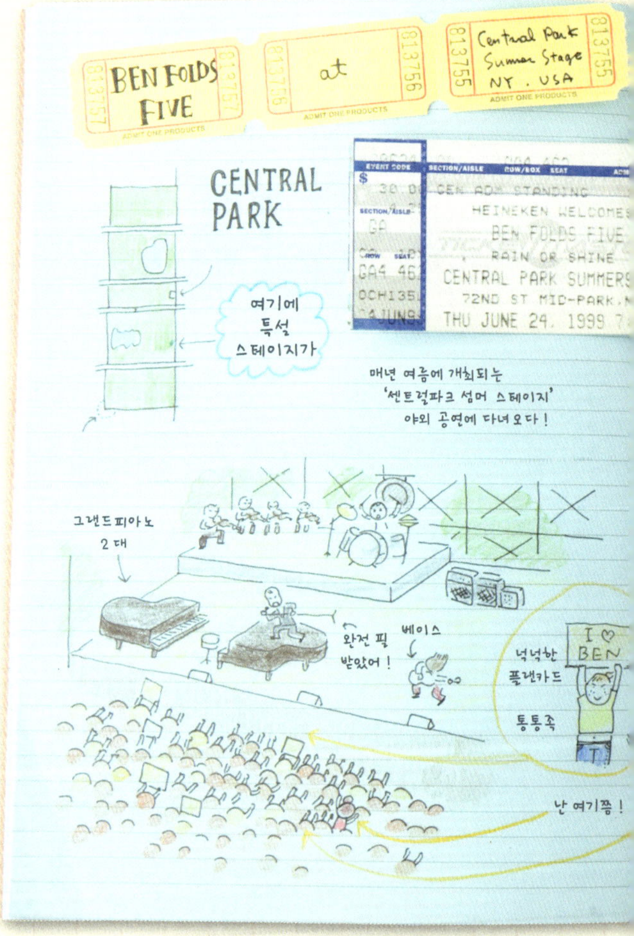

시점을 자유자재로 줌하여
스테이지 전체를 일러스트로!
라이브의 설렘도 표현해요.

① 쿠폰을 타이틀로 활용하기

해외에서 산 코인 게임용 쿠폰이 티켓 모양이라서 아티스트와 라이브 공연장을 적어 넣고 타이틀로 사용했어요.

② 새의 시선으로 무대 그리기

새의 시선처럼 높은 곳에서 조망하는 느낌으로 무대를 그렸어요. 노란색 곡선 화살표를 넣어 관객의 모습을 ZOOM.

③ 티켓이나 신문 스크랩 붙이기

실제 티켓이나 현지에서 가져온 신문 등도 스크랩합니다. 라이브 공연 뿐만 아니라 그 주변의 일도 떠오르게 될 거예요.

④ 공연장 주변의 소소한 풍경 담기

센트럴파크의 야외무대 주위에는 핫도그를 파는 왜건이 많아요. 그런 운치있는 풍경도 일러스트로 그려요.

⑤ CD재킷 모사하기

CD재킷을 모사하여 라이브에서 연주한 곡의 타이틀을 메모해두면 자신의 방과 외국에서의 라이브 체험이 이어지는 듯한 기분이 들어요.

Chapter 1　How to Make a Illust Diary　049

Culture

02 라이브 공연 리포트

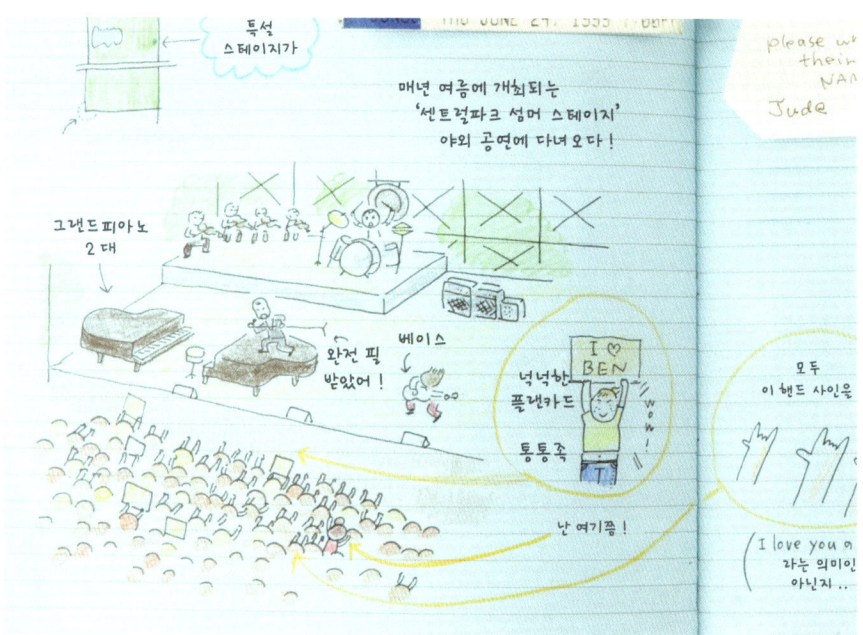

| 일러스트 기법 | **먼저 수평과 수직선으로 무대를 그려요** |

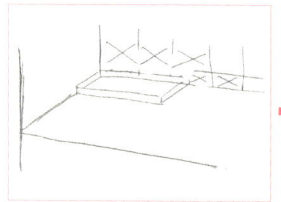
수평과 수직선을 의식하여 간단하게 무대를 그린다.

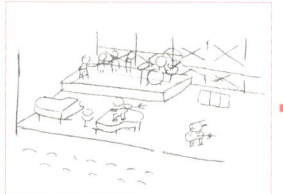
악기와 무대 위 인물을 그린다.

관객은 앞쪽만 그린다. 이 정도 상태에서 색을 칠한다.

| 일러스트 응용 | **주위를 관찰하고 그려요** |

Music

일러스트 기법

재킷을 모사해 볼까요

Point
다른 흰 종이에 그린 다음 오려 붙였어요.

일러스트 응용 다양한 재킷을 모사해 볼까요

색감각이 돋보이는 앨범을 그려보세요.

재킷을 관찰하면 디자인이나 색을 자기 나름대로 분석할 수 있어요.

구도, 사진, 색조 등 마음에 드는 부분을 생각하면서 그리는 것도 재미있어요.

Lesson!

시점을 자재로 Zoom

라이브 공연장은 눈높이를 확 끌어올려서 공연장 전체를 그렸습니다. 실제로는 직접 볼 수 없는 광경도 정보를 모아 상상의 나래를 펼쳤죠. 가까이 줌하여 열혈 팬이나 핸드 사인에도 주목해 보세요. 구글 맵처럼 자유자재로 시점을 변화하는 즐거움을 맛볼 수 있어요.

Chapter **1** How to Make a Illust Diary

Culture

02 라이브 공연 리포트

'심플리 레드'의 라이브 at 홍콩

홍콩 여행 중에 '심플리 레드'의 라이브 공연을 보러 갔었는데요. 결성 25주년과 해체 전 마지막 월드 투어라서 그런지 정말 많은 팬들이 모였답니다.

① 공연 시작 전의 설렘을 스케치

콘서트가 시작되기 전의 웅성거림과 가슴 설레는 시간이 참 좋습니다. 빈 무대 앞에서 공연을 기다리는 순간을 스케치해 보았어요.

② 관객의 호응을 관찰

곡에 따라 변하는 관객의 호응을 관찰하는 것도 콘서트의 묘미. 이 곡에서 이러한 액션을 취했다는 것을 일러스트로 남겼습니다.

③ 공연장까지의 교통수단도 메모

공연장이 섬에 있어서 갈 때는 스타페리, 돌아올 때는 트램으로 이동했는데요. 홍콩의 특색있는 교통수단에 탔던 것도 잊지 말고 메모해 두세요.

Music

맞춤 tip

코인 게임용 쿠폰을 타이틀로

스크랩 재료를 파는 가게에서 발견한 쿠폰입니다. 티켓처럼 보이길래 아티스트와 공연장 이름을 넣어 타이틀로 만들었어요.

일러스트 기법

패션 체크

관객층은 30~40대가 중심이었어요. 멋쟁이 여성과 퇴근 후 곧장 온 듯한 외국인 커플을 담았습니다.

일러스트 기법

포스터를 모사한다

거리 여기저기에 붙어 있던 투어 포스터. 번화한 홍콩의 거리와 희고 심플한 포스터의 대비도 인상적이었어요.

monologue

해외 라이브에서의 체험

해외 라이브 공연에 가면 꼭 투명인간이 된 듯한 느낌이 듭니다. 여행지라는 비일상적인 상황 속에, 라이브라는 상황까지 겹쳐 점점 저 자신에게서 멀어져가는 듯한 그런 느낌. 그래서 투명인간이 되어 그 나라 사람들이 사는 유쾌한 일상 속으로 살짝 끼어든 것 같은 기분이 드는지도 모르겠어요.

Culture 03

뮤지엄 다이어리
Art

미술관에서 무심코 발길을 멈추게 한 그림. 박물관에서 올려다본 커다란 공룡의 뼈, 국립과학박물관에서 별이 가득했던 하늘, 다양한 뮤지엄에서의 체험을 일러스트 다이어리로 만들었습니다.

표지가 하드보드지처럼 두꺼운 스프링 노트는 팸플릿을 붙여도 든든해요.

노트 위의 미니 미술관부터
박물관 체험기까지
지적 호기심을 자극하는
일러스트 다이어리

① **타이틀은 라벨지로**
라벨에 뮤지엄 이름을 적어 타이틀로 만들어 보세요. 도서관 분류 라벨처럼 아카데믹한 분위기가 납니다.

② **관람 순서를 마스킹테이프로**
국립서양미술관을 방문하여 마음에 든 그림이나 조각을 그리고, 마스킹테이프를 붙여 미술관 관람 순서를 표시했어요.

③ **좋아하는 그림을 모사**
무심코 발길을 멈추었던 그림을 모사했습니다. 미술관에서는 연필로 스케치하고 도록을 보면서 마무리 했습니다.

④ **그림을 장식하고 미니 미술관으로**
그림을 다 그린 후에 마스킹테이프를 사용하여 액자처럼 장식합니다. 작은 라벨에 제목을 쓰면 미니 뮤지엄 완성이에요.

⑤ **느낀 점을 메모**
가장 좋아하는 작품의 볼거리를 적거나 미술관 매너를 써둡니다. 여백에는 그 밖의 여러모로 느낀 점들을 메모해요.

Chapter **1** How to Make a Illust Diary

Culture 03 뮤지엄 다이어리

> **Point**
> '좋은데!' 라고 생각했던 그림들은 시대도 작가도 다르지만, 자신이 '좋아하는' 공통점을 찾게 될 거예요.

일러스트 기법

그림을 모사해 볼까요

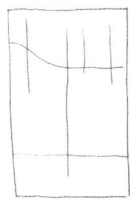 →  →  →

맞춤 tip 마스킹테이프로 액자 모양으로 장식하기

그림 주위를 테이프로 붙인다.   모서리를 커터 칼로 정돈한다.   완성

일러스트 응용 도록을 보면서 다른 작품에도 도전

Art

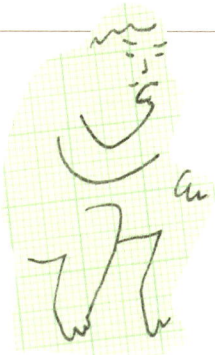

> 일러스트 기법

오려낸 그림으로 만드는 조각 콜라주

조각 모사에도 도전해 볼까요. 일단 조각을 덩어리로 그려 실루엣을 오려냅니다. 여기서는 그래프용지와 봉투 뒷면을 사용했어요.

조각 실루엣을 베낀다.

가위로 자른다.

펜으로 선을 넣는다.

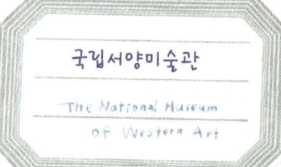

> 맞춤 tip

타이틀에는 라벨을 활용

Lesson!

모사에서 배운 것

국립서양미술관에서 가장 좋아하는 그림은 모리스 드니의 『춤추는 여자들』입니다. 나무줄기는 분홍으로, 춤추는 여자들의 그림자는 파랑으로 모사를 하면서 새삼 색조의 아름다움에 감탄했습니다.

Chapter **1** How to Make a Illust Diary

Culture 03 뮤지엄 다이어리

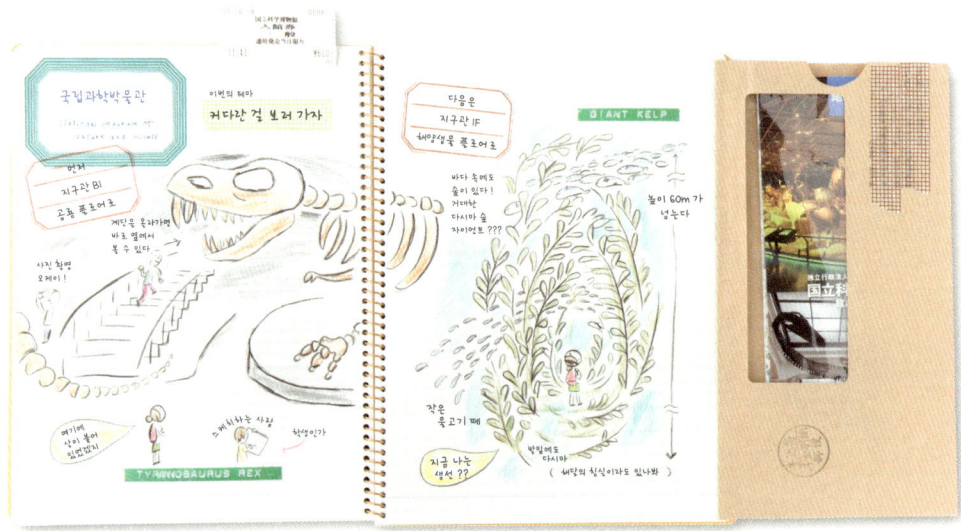

국립과학박물관

'특별한 것을 보러 가자.'라는 테마를 정하고 국립과학박물관을 방문하여 강렬한 느낌의 전시를 일러스트로 그렸습니다.

1 전시 공간을 스케치
'라이브 공연 리포트'의 부감 풍경과는 반대로 박물관을 올려다 본 모습입니다. 나머지 공간에는 '자신의 모습'을 넣는 것이 포인트예요.

2 라벨지와 라벨기로 분위기 UP
라벨지에 스탬프를 겹쳐 작은 타이틀을 적어 넣었습니다. 공룡의 학명은 라벨기로 새겨 넣어 아카데믹한 분위기를 냈어요.

맞춤 tip
봉투로 포켓을 만들어요
못 쓰는 창 봉투를 사용하여 팸플릿을 넣는 포켓으로 만들어요.

monologue

무언가를 흡수하는 행복한 시간

일의 특성상 항상 발산을 하다보니, 미술관이나 박물관 공간에 덩그러니 자리하고 그저 바라만 보고 있는 시간이 더없이 좋습니다. 가치 있는 것들이 온몸으로 전해지는 듯한 호사스런 시간. 그곳에서 흡수한 이미지가 어느 순간 박자가 딱 맞아떨어지면서 나만의 스타일로 만들어지지 않을까요.

Art

Point 은색과 금색 펜으로 반짝반짝

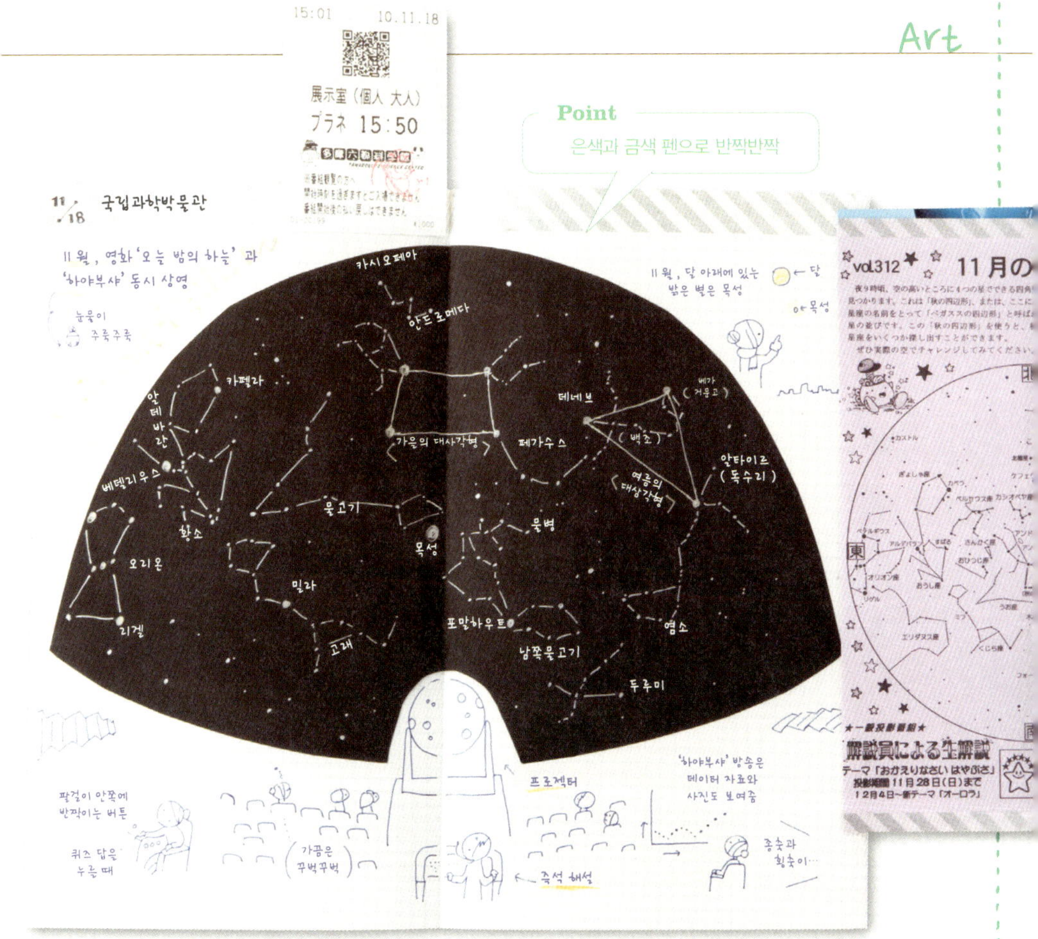

국립과학박물관

11월, 영화 '오늘 밤의 하늘'과 '하야부사' 동시 상영

플라네타륨

국립과학박물관에서 플라네타륨을 보고 왔습니다. 노트를 펴고 양면 가득 별이 총총한 밤하늘을 펼쳐 놓았기 때문에 여기서는 스프링이 없는 노트를 사용했어요.

일러스트 기법

금색과 은색 펜으로 별자리를 그려요

Uniball Signo
미쯔비시

1 돔 모양의 검은 종이를 별이 총총한 밤하늘로

검은 도화지로 만든 밤하늘에 과학관에서 받은 자료를 보면서 금색과 은색 마카펜으로 별자리를 그려요.

2 의자의 구조도 스케치

해설자의 생생한 해설을 즐길 수 있는 이 플라네타륨. 해설자나 투영기의 위치, 회답 버튼이 붙은 의자의 구조 등도 스케치해요.

3 자료도 파일링

해설 프린트는 마스킹테이프로 보강해서 파일링 했어요. 이때부터 날마다 밤하늘을 올려다보게 되었답니다.

Chapter 1 How to Make a Illust Diary

일러스트 샘플 2

Culture

Life Style

일러스트 다이어리

레시피나 생활의 지혜, 가드닝 팁도 문장으로 메모하는 것보다 일러스트로 그리는 것이 보기 쉽고 간단합니다. 그럼 지금부터 시작해볼까요.

Life Style 01

나의 수프 레시피
Recipe

요리하면서 레시피를 꼼꼼히 읽으며 따라하기가 생각보다 어렵죠? 만약 레시피가 그림이었다면 머릿속에 쏙 집어넣었다가 꺼낼 수 있었을 텐데…. 그래서 점심 메뉴로 자주 만드는 수프 레시피를 일러스트로 만들어 보았습니다.

레시피는 위에서 아래로, 순서대로 쓰는 것을 좋아해서 세로로 가늘고 긴 슬림형 노트를 골랐어요.

Item _____ 한 겨울 _____
Date Frozen _____ 채소 수프 _____
15분 / 서양식

재료
- 배추
- 순무
- 양파
- 병아리콩 (통조림)
- 올리브유
- 수프스톡
- 우유
- 소금
- 후추

메모
✓ 채소의 단맛이 맛있다!

✓ 대파, 버섯, 감자도 양배추, 화이트 아스파라거스, 무…도 괜찮을 것 같다

✓ 우유 양으로 농도 조정 포타주↔수프

✓ 버터로 볶았더니 감칠맛이 난다!

✓ 두유로 만들면 어떤 맛이 날까?

레시피

채소는 얇게 썰기

볶는다

뚜껑을 덮고 삶는다

병아리콩 삶기

불을 멈추고 핸드믹서로 간다

수프스톡
소금 후추

**식재료도 조미료도 냄비도
전부 일러스트로!
보기만 해도 순서를
알 수 있는 간단 레시피**

의외로
투박한 그릇이
어울린다

치즈

나무 스푼, 내 맘에 쏙

크랜베리와 무화과가 든 빵

'나토욱 컴퍼니 고형 채소수프스톡'
인공감미료 무첨가 수프스톡,
이걸로 결정~!

독일 정부의 바이오 마크

① 일러스트로 레시피 그리기
글자를 쫓다가 순서를 잊어버리기 쉬운 레시피를 일러스트로 그려보았어요. 재료를 넣는 타이밍도 화살표로 쓰윽 그으면 OK.

② 식재료나 조미료도 일러스트로
채소는 그림으로 자르는 법을 기록하면 돼요. 올리브유는 병, 볶을 때는 나무 주걱이라는 식으로 모두 일러스트로 그린 다음 문자로 간략하게 설명해요.

③ 냉동식품 라벨을 타이틀로
타이틀은 잡화점에서 눈에 띈 냉동식품 라벨을 사용했어요. 리스트는 마스킹테이프 + 수성펜으로 무심한 듯 자연스럽게 스케치해요.

④ 칸을 나누어 항목별로 분류하기
노트에 재료, 메모, 레시피, 테이블 스케치, 조미료의 5항목으로 나누고 떠오르는 생각이나 그릇의 스타일링도 메모합니다.

⑤ 둥근 모양틀을 만들어요
판지를 오려내어 둥근 모양틀을 만든 다음 노트에 끼워두면, 접시나 그릇 등의 그림을 손쉽고 예쁘게 그릴 수 있어요.

Life Style

01 나의 수프 레시피

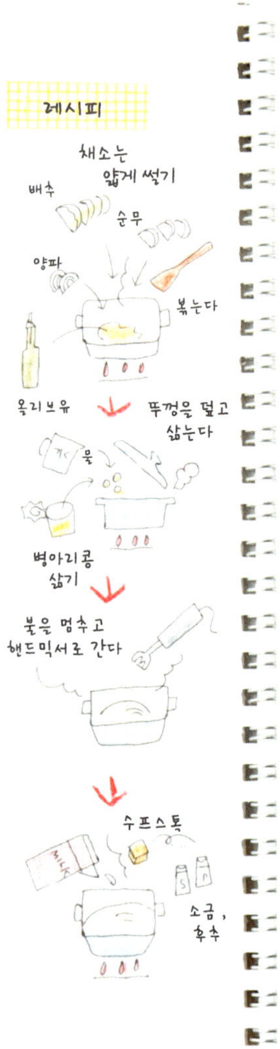

일러스트 기법

채소 자르는 법이나 조미료도 일러스트로 그렸어요

재료 외에 조미료와 조리기구도 아이콘으로 표현했어요. 지지고 볶는 과정은 마음 속에서 찰칵찰칵 셔터를 누르는 이미지로 순서를 구분하는 것이 포인트.

감자 수프 | 브로콜리 수프 | 콩 수프

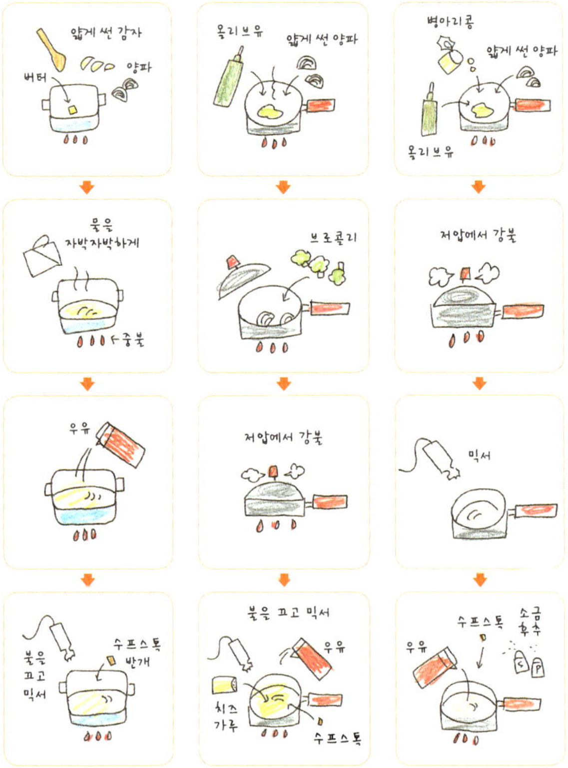

맞춤 tip

To Do 스탬프로 재료의 포맷을 만들어요

재료 리스트는 규칙성이 있는 쪽이 보기 좋을 것 같아 To Do 스탬프를 사용했어요.

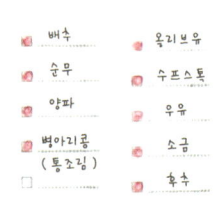

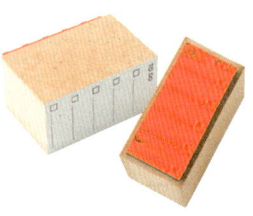

Recipe

맞춤 tip

판지로 둥근 모양틀을 만들어요

둥그스레한 원은 그냥 그리려고 하면 생각보다 어렵답니다. 그래서 둥근 모양틀을 만들었어요. 판지에 연필로 원을 그린 후 칼로 오려 완성해요.

Point

바로 위에서 내려다본 그릇이나 접시, 옆에서 본 냄비 등 다양하게 활용할 수 있어요.

일러스트 기법

모양틀을 사용하여 그릇을 그려요

Jestream
미쓰비시
+
색연필

 →  →

모양틀을 사용하여 원을 그린다.   원 주위에 그림을 그려 붙인다.   색연필로 색을 입힌다.

Lesson!

정보를 압축한 간단 레시피

여기서 일러스트로 그린 나만의 레시피는 순서를 4것 정도로 정리하고, 재료의 양이나 끓이는 시간 등도 취향대로 하도록 대담하게 생략했어요. 정보를 압축한 만큼 순서가 바로 머리에 쏙 들어옵니다.

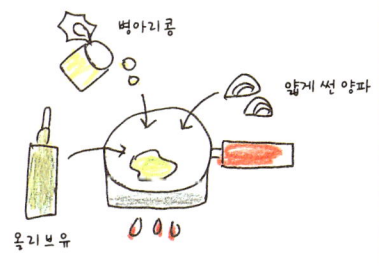

Chapter 1   **How to Make a Illust Diary**

Life Style 01 나의 수프 레시피

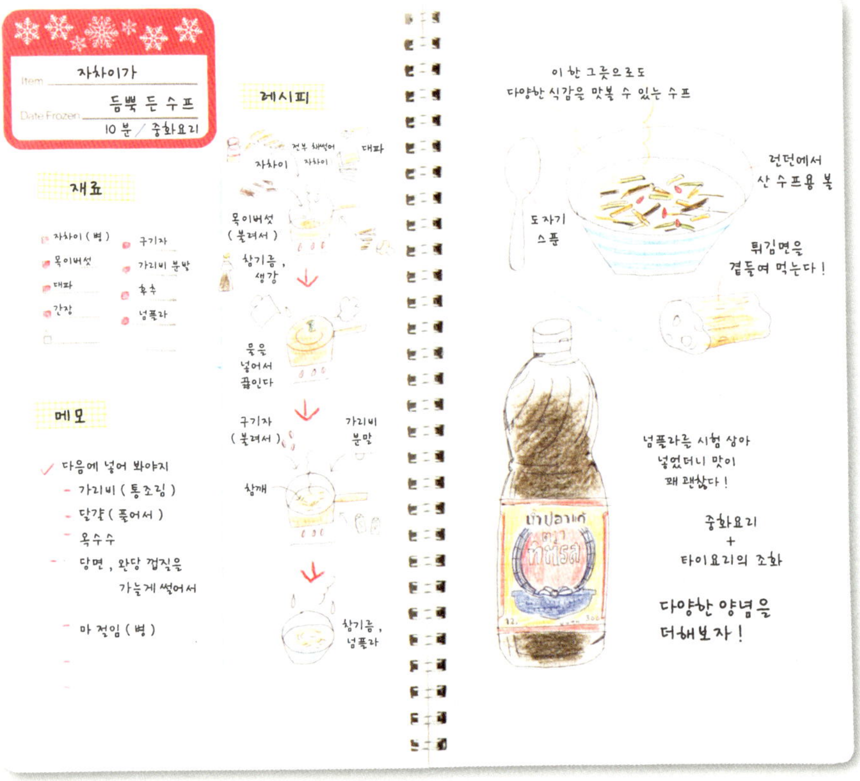

Item 자차이가
Date Frozen 듬뿍 든 수프
10 분 / 중화요리

레시피
전부 채썰어서
자차이 대파
목이버섯 (불려서)
참기름, 생강
묶음 넣어서 끓인다
구기자 (불려서)
가지비 분말
참깨
참기름, 넘플라

재료
- 자차이 (병)
- 목이버섯
- 대파
- 간장
- 구기자
- 가지비 분말
- 후추
- 넘플라

메모
✓ 다음에 넣어 봐야지
- 가지비 (통조림)
- 달걀 (풀어서)
- 옥수수
- 당면, 완당 껍질을 가늘게 썰어서
- 마 절임 (병)

이 한 그릇으로도 다양한 식감을 맛볼 수 있는 수프

건면에서 산 수프용 볼

도자기 스푼

튀김면을 곁들여 먹는다!

넘플라즙 시험 삼아 넣었더니 맛이 꽤 괜찮다!

중화요리
+
타이요리의 조화

다양한 양념을 더해보자!

자차이가 듬뿍 든 수프

일러스트 기법

조미료 라벨을 모사해요

타이 조미료 넘플라는 선명한 색의 포장과 타이 글자가 귀여워요.

Point
라벨 디자인의 스케치는 대충 형태를 잡은 다음 세세한 부분으로 그려요.

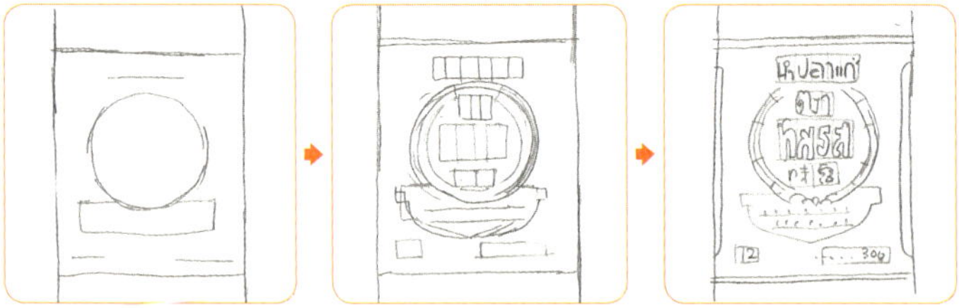

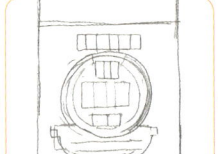

Recipe

일러스트 기법 다양한 요리를 그려 볼까요

 순무와 돼지고기 수프

 방울토마토를 얹은 그린 카레 페이스트 국수 요리

채소 수프

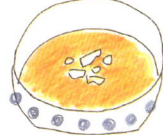 단호박 수프

일러스트 응용 식재료나 조미료의 패키지를 모사해요

   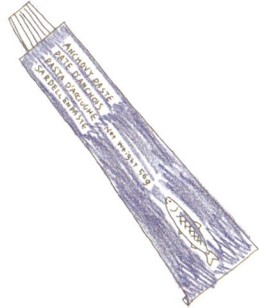

monologue

오묘한 조미료 라벨의 세계

평소 대수롭지 않게 대하는 조미료지만 찬찬히 눈여겨보면 '소스는 이런 원재료를 사용했구나.' 또는 '이건 의외로 라벨이 예쁜데.' 같은 다양한 발견을 할 수 있습니다. 그래서일까요, 이름이 그 자체를 나타낸다면 패키지는 맛을 나타낸다는 생각도 듭니다. 이런 것들도 저에겐 좋은 디자인 공부랍니다.

Chapter 1 How to Make a Illust Diary

Life Style 02

가드닝 다이어리
Gardening

꽃이 피는 시기나 물을 주는 방법 등의 가드닝 메모를 기록한 다이어리예요. 씨앗 봉지를 붙이거나 나비 모양의 북마크를 붙여 즐겁게 기록할 수 있는 노트로 만들었습니다.

프랑스 브랜드 끌레르 퐁테뉴의 노트는 상큼한 초록색 표지가 가드닝 이미지예요.

가드닝이 더 즐거워지는 꽃과 식물의 메모 다이어리

① 타이틀도 가드닝 분위기로
타이틀 주위는 초록색 종이를 오려 붙여 풀숲 이미지를 살리고, 작은 제목은 크래프트지를 화단 이름 표지판 모양으로 잘라서 적었어요.

② 씨앗 봉지 붙이기
영국종인 이 씨앗은 포장이 예뻐서 구입한 건데요. 림난테스는 그리스어로 늪과 꽃이 합해진 말인데 늪지대에 많이 피기 때문이라고 하네요.

③ 아이디어를 콜라주로
아이스바 막대를 화초 이름 표지판으로 쓰려고 노트 위 봉투에 넣어뒀어요. 나비 북마크도 붙여서 화려하게.

④ 가드닝 소품 메모하기
주방용 고무장갑이 편리하다든지, 가정에서 툭하면 찾아 헤매게 되는 물뿌리개는 노란색으로 한다든지, 이처럼 소소한 부분들도 일러스트로 메모했어요.

⑤ 발아 다이어리 덧붙이기
맨 아래에는 연두색 펜으로 칸을 나누어 꽃이 조금씩 성장하는 모습을 일러스트로 기록하는 관찰 일기 코너를 만들었어요.

Chapter **1** How to Make a Illust Diary

Life Style 02 가드닝 다이어리

맞춤 tip
꽃 이름을 레터링해요.

'POACHED EGGS'라는 꽃 이름을 예쁘게 레터링하고, 그 아래에 초록 종이를 풀숲 분위기로 오려 붙였어요.

Point
크래프트지로 이름 표지판을 귀엽게 만들어 작은 제목을 적었어요.

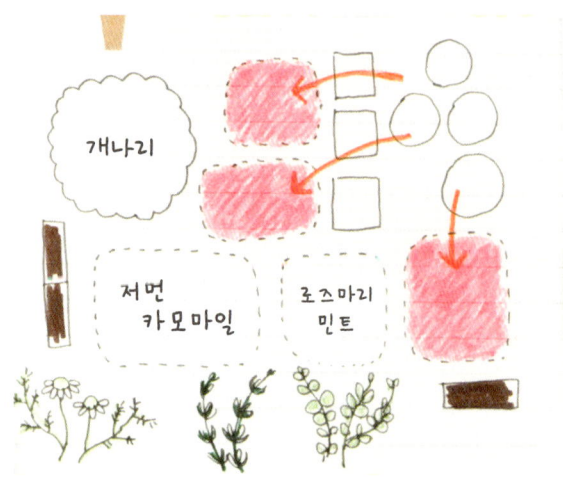

일러스트 기법
화단 레이아웃의 메모

화단 레이아웃도 일러스트로 기록하여 어디에 무엇을 심었는지 잊지 않도록 해요.

일러스트 기법
노트 아래에 칸을 나누어 밭아 다이어리로

조금씩 자란다

쑥쑥 자란다

빼곡히 들어차 있다

나눠 심었다

Gardening

Point
노란색 트레이싱지를 사용하여 꽃의 부속으로 장식했어요.

맞춤 tip

나비 모양 북마크를 만들어요

1. 종이를 접어 나비 모양으로 자른다.
2. 끈과 부속을 준비한다.
3. 끈 끝을 날개에 연결시킨다.

일러스트 응용 꽃과 가드닝 아이템을 그려볼까요

Lesson!

씨앗 봉지 디자인이 맘에 들어요

'POACHED EGGS'는 흰색과 누락색의 꽃도 물론 예쁘지만 씨앗 포장도 아주 예뻐요. 영국이나 프랑스처럼 가드닝 문화가 발달한 나라의 씨앗 포장이 특히 마음에 들어 모으게 되었답니다.

Chapter **1** How to Make a Illust Diary

Life Style

02 가드닝 다이어리

여름 정원 씨뿌리기 계획

위쪽은 정원에 있는 키 작은 나무와 꽃, 아래쪽은 씨앗을 뿌리는 식물이나 허브의 봄, 여름, 가을 10개월 동안을 한눈에 볼 수 있도록 했습니다. 이것만 있으면 여름 꽃의 씨 뿌리는 시기도 잊어버리지 않겠죠.

1 정원의 1년을 일러스트로

키 작은 화초와 허브를 아이콘 스타일의 일러스트로 그려 꽃이 피는 시기와 성장 과정을 기록했습니다. 느낀 점을 메모하여 다음 해에 참고로 하면 좋겠죠.

2 종이에 스탬프를 찍어 타이틀로

타이틀은 노란색 종이를 붙여 그 위에 스탬프를 찍었습니다. 캘린더 부분은 색상 견본을 잘라붙여 숫자 스탬프를 찍었어요.

3 꽃과 나무는 귀엽게 그리기

자세히 그리기 어려운 식물은 이미지 중심의 일러스트로 기록했습니다. 향기가 진한 화초에는 물결무늬 점선을 넣었어요.

4 낡은 우표와 사진으로 장식하기

가장자리에는 키가 작은 수국과 푸성귀 꽃이 그려진 낡은 우표를 붙여 장식했습니다. 그해의 철쭉 사진도 붙였고요.

Point

색 입히기는 옅은 색의 마카를 사용하고 말풍선 모양의 색지를 오려 붙였어요.

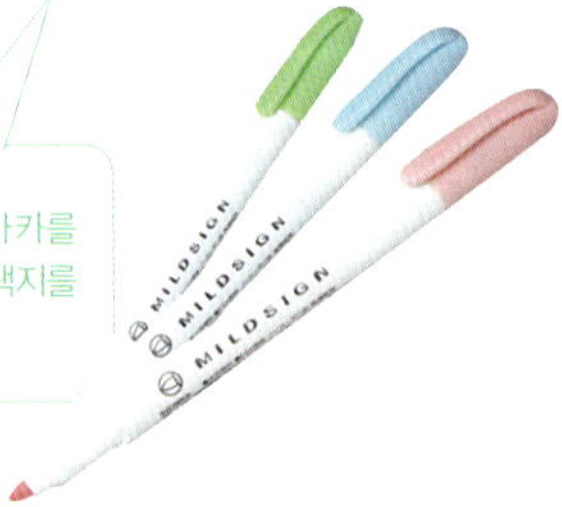

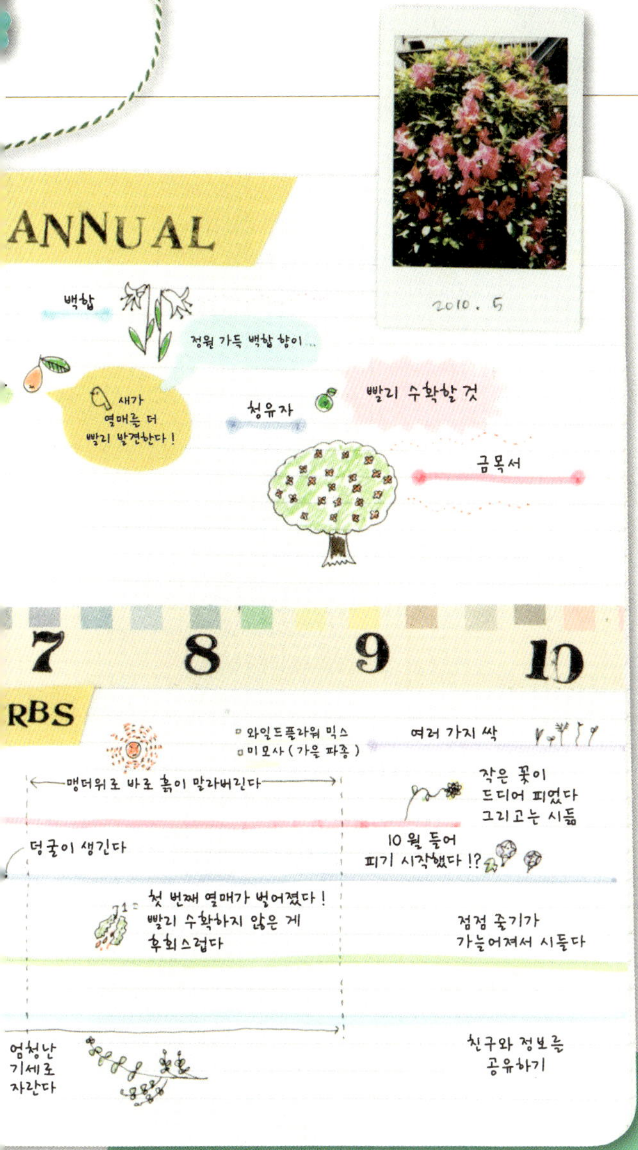

Gardening

ANNUAL

백합
정원 가득 백합 향이...

새가 열매를 더 빨리 발견한다!

청유자

빨리 수확할 것

금목서

7 8 9 10

RBS

와일드플라워 믹스
미모사 (가을 파종)

여러 가지 싹

맹더위로 바로 흙이 말라버리다

작은 꽃이 드디어 피었다 그리고는 시듦

덩굴이 생긴다

10월 들어 피기 시작했다!?

첫 번째 열매가 벌어졌다! 빨리 수확하지 않은 게 후회스럽다

점점 줄기가 가늘어져서 시듦

엄청난 기세로 자란다

친구와 정보들 공유하기

2010. 5

일러스트 기법

식물을 아이콘 스타일로 그려요

 페퍼민트

 나팔꽃

꽃과 식물은 먼저 둥근지 뾰족한지 같은 큰 형태를 파악하세요. 세세한 부분은 과감하게 생략하여 그리면 됩니다.

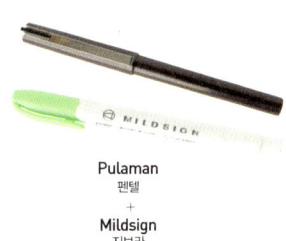

Pulaman
펜텔
+
Mildsign
지브라

식물 달력

해마다 여름이 되고 나서야 해바라기 씨 뿌릴 시기를 놓쳤다는 걸 깨닫곤 합니다. 그런 경험을 바탕으로 만든 것이 이 'My Garden Annual.' 입니다. '해바라기는 이 시기에 씨를 뿌리면 이만큼 자란다.' 는 기록을 해두면 다이어리를 보기만 해도 '서향이나 개나리가 피었으니 슬슬 씨를 뿌려볼까?' 하는 생각을 하게 되겠죠. 이렇게 메모를 해두면 다음 해에 씨를 뿌릴 때도 참고가 되고 계절의 변화도 조금씩 느껴갈 수 있습니다.

monologue

Life Style 03

핸드메이드 다이어리
handmade

'이런 것을 만들고 싶다!' 머릿속으로만 그려보던 도안집을 일러스트로 만들었어요. 완성도와 만드는 법, 천 샘플도 한눈에 볼 수 있어 노트 위에서 아이디어가 쑥쑥 자라납니다.

item 3
리버서블 보자기 주머니

재료
원단 90cm × 30cm (× 2)
단추 끈 10cm (× 1)
단추 (× 1)

리본
단추 끈 (가죽 끈)
4cm
프린트 면 원단
H : 약 42cm
W : 약 42cm

색 . 무늬 배합
나일론 타프타
무명
큐프라도
괜찮을 것 같다

얇은 원단으로!

NO 1 스트라이프×체크
NO 2 도트×스트라이프

물방울 무늬 표지가 예쁜 더블 스프링 노트예요. 스프링이 커서 두께가 있는 것도 안심!

완성도와 만드는 법, 원단 샘플도
파일링하여 아이디어가 커져가는
핸드메이드 다이어리

① **완성도를 그려보기**
완성도를 일러스트로 만들어 사이즈 등도 메모합니다. 직선은 자를 사용하지 않고 천천히 그리면 천의 느낌을 살릴 수 있어요.

② **만드는 법도 일러스트로**
한눈에 알 수 있게 만드는 법도 일러스트로 그렸습니다. 접거나 천천히 뒤집거나 하는 동작에는 빨강 화살표가 눈에 잘 띄어요!

③ **미니백 모양의 천 샘플**
아래쪽에는 보관하고 있던 천을 주머니 모양으로 작게 잘라 샘플처럼 붙였습니다. 이렇게 해두면 무늬를 짜 맞출 때에도 편리해요.

④ **항목 분류도 스케치 풍으로**
왼쪽은 재료와 완성도, 오른쪽은 만드는 법, 아래쪽은 천 샘플, 이렇게 핸드메이드 요소별로 나누었어요. 선도 색연필로 스케치하듯 그렸습니다.

⑤ **단추 샘플 곁들이기**
클립으로 고정하거나 리본에 단추를 매달아 스크랩 했어요. 천 샘플에 맞춰 이미지를 확대할 수 있어요.

Life Style
03 핸드메이드 다이어리

단추(×1)

리본

단추 끈(가죽 끈) 4cm

프린트 면 원단

H: 약 42cm

일러스트 기법
스티치를 넣어 천의 느낌을 한층 UP!

Point
소재와 부속품의 특징을 파악하여 일러스트로 그리면 세세한 차이가 눈에 들어올 거예요.

평범한 캔버스 원단 토트백에 포켓 달기

손잡이가 가죽일 때, 쇠장식을 박아 스티치 한다

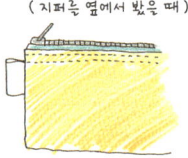
펜케이스는 더블 스티치로, 네임택이 끼워져 있다 (지퍼는 옆에서 봤을 때)

리버서블 토트백은 안쪽과 바깥쪽의 색을 달리하면 입체적으로 보인다

맞춤 tip
리본으로 만드는 단추 샘플

5개의 단추를 리본에 실로 고정했습니다. 그대로 클립을 뺀 다음 비슷한 단추를 사러 갈 수도 있어요.

맞춤 tip
백 모양의 천 샘플

패브릭 샘플은 완성품과 같은 모양의 미니백으로 오려두면 완성품을 상상하기가 쉬워져요.

Handmade

핸드메이드 샘플집

보관하고 있던 소재를 붙인 패브릭 샘플집과 털실 샘플집입니다. 이것만 있으면 재료를 따로 챙기지 않아도 잊어버리지 않아요!

① 패브릭 샘플집에 보관 정리

갈색 하드보드지와 마스킹테이프로 만든 패브릭 샘플집입니다. 우표처럼 작게 자른 조각을 붙여서 사용해요.

② 털실 샘플로 뜨개질 메모팁 정리

검은 도화지 위에 미니 지퍼백에 넣은 털실을 붙여 털실의 색이나 종류를 보기 쉽게 했어요. 겨울철 손뜨개 팁을 정리한 다이어리로도 그만이랍니다.

맞춤 tip   **패브릭 샘플집 만들기**

판지에 띠 모양으로 마스킹 테이프를 붙인다.

종이호일을 겹쳐 아일렛 펀치를 박는다.

핑킹가위로 자른 패브릭을 붙인다.

Chapter 1 How to Make a Illust Diary

Life Style
03 핸드메이드 다이어리

리폼 다이어리

몇 번 입다가 유행에 뒤쳐져 묵히고 있는 옷들을 레이스와 비즈를 사용하여 리폼한 것을 일러스트로 그려보았습니다.

① 리폼 과정을 일러스트로

리폼한 디자인을 일러스트로 그렸어요. 봄에 입던 노란색 티셔츠는 목덜미를 느슨하게 둥글려 상큼함과 가벼움을 더했어요.

② 사진이나 소재 붙이기

리폼하기 전의 옷 사진과 함께 실제로 사용한 비즈와 레이스, 단추 등을 붙여 두면 구체적인 이미지를 떠올릴 수 있어요.

③ 가게 분위기를 종이로 콜라주

노트 위쪽은 가게 어닝 이미지를 살렸습니다. 수입 색종이를 핑킹가위로 오려 붙인 다음, 그 위에 종이를 겹쳐 타이틀을 적었어요.

Lesson!

스티치나 뜨개질 코 그리는 법

캔버스 토트백은 스티치를 넣으면 캔버스다워지고, 실크처럼 가벼운 소재의 옷은 옷자락을 살짝 움직여주면 가벼움이 전해집니다. 니트 아이템은 작은 점이나 가느다란 물결선을 넣어 뜨개질 코를 표현합니다.

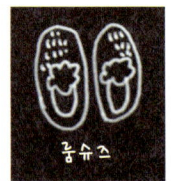
꿈슈즈

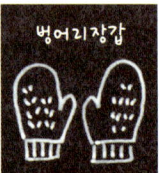
벙어리장갑

냄비받침

Handmade

일러스트 기법
소재를 의식하고 그려요

실루엣이 섬세한 연노랑 티셔츠

봄에 어울리는 라운드 티셔츠

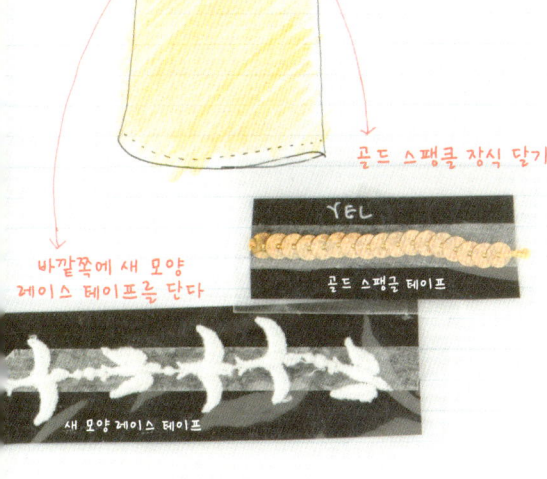
- 이중 네크리스를 목둘레에
- 골드 스팽클 장식 달기
- 골드 스팽클 테이프
- 바깥쪽에 새 모양 레이스 테이프를 단다
- 새 모양 레이스 테이프

- 두꺼운 니트
- 밀짚 모자
- 두꺼운 후드 스웨터
- 진 소재의 바지
- 보들보들한 하의
- 가벼운 블라우스
- 폭신폭신한 양말

monologue

핸드메이드 시간

보자기 크기의 천을 몇 번 접은 다음 주머니를 만들어 토끼 귀처럼 된 부분을 한 땀씩 이어가면 완성되는 보자기 주머니. 만들기 전에 찬찬히 양면이 색 배합을 구상하는 도안집을 만들어 보았습니다. 천이나 종이 샘플집은 잡화를 기획할 때에도 유용하게 사용합니다. 소재를 모으면서 책상 위에서 아이디어를 키우는 때가 핸드메이드의 가장 즐거운 시간이랍니다.

Chapter **1** How to Make a Illust Diary

Life Style 04

생활의 지혜 카드
Trivia card

신문이나 잡지, 엄마에게 전수받은 노하우 등 기억해두고 싶은 생활의 지혜를 일러스트로 그렸습니다. 포스트잇을 사용하여 오래된 정보의 업데이트도 가능해요.

표지와 같은 두꺼운 종이로 만든 스크랩용 노트는 선명한 하늘색이 컬러풀한 포스트잇과도 잘 어울려요.

생활의 지혜를 카드에 계속 담기!
업데이트도 자유로운 아날로그 정보 활용법

① 생활의 지혜 컬렉션

신문이나 잡지 기사, 엄마나 친구한테 들은 것 등 기억해 두고 싶은 생활의 지혜를 한 장의 카드에 한 가지 아이템씩 담아 일러스트로 그립니다.

② 포스트잇에 그려 붙이기

붙였다 떼도 잘 표시가 나지 않는 강한 접착력의 포스트잇을 사용합니다. 색을 달리하면 채소, 도구, 음료 등 장르별로 나눌 수도 있어요

③ 선으로 성글게 그리기

일러스트는 너무 꼼꼼하게 그리지 말고 선으로 성글게 포인트만을 쓱쓱 그려 넣었어요. 글도 최소한으로 줄여 한눈에 들어오게!

④ 타이틀을 스탬프로

타이틀은 알파벳 스탬프를 사용하여 POP로. 가장자리에는 인덱스 라벨을 붙여 카테고리를 나눠요.

⑤ 업데이트 가능한 움직이는 노트

카드가 6장이 되었다면 다음 페이지로 업데이트! 장르 나누기와 업데이트도 자유로운 아날로그 정보 노트랍니다.

Life Style
04 생활의 지혜 카드

일러스트 기법 — 생활의 지혜를 일러스트로 그려보아요

정보를 한 칸에 모을 때는 핵심 장면을 단순하게 그립니다. 여기에서도 화살표가 유용합니다. 화살표가 전자레인지를 가리키는 것만으로도 데운다는 것을 알 수 있어요.

Point

펜은 펜촉으로 강약을 조절할 수 있는 펜텔의 Pulaman을 사용했어요. 달걀이나 전자제품 얼굴을 그려 보기에도 재미있게 만들어 보세요!

Trivia caed

카드가 쌓이면 정보를 업데이트

'vegetable' 중에서 'ginger'가 6장 이상 되면 새 페이지로 옮겨 다시 정리하면 됩니다. 카드를 움직여 업데이트할 수 있는 것이 이 다이어리의 특징입니다. 지금은 '무' 카드가 너무 많아서 다음 페이지에서 정리했습니다.

Lesson!

정보를 한 컷으로 전해요.

정보를 한 컷으로 전할 때는 '달걀을 삶는다'고 하는 긴 시간을 그림으로 그릴 때와 '달걀을 자른다'고 하는 짧은 순간을 그림으로 그릴 때의 두 종류가 있습니다. 알기 쉬운 쪽을 선택하여 어디를 잘 라낼 것인가, 이런 판단은 일러스트레이터의 일에 가깝다고 말할 수 있겠네요.

Chapter **1** How to Make a Illust Diary

Life Style
04 생활의 지혜 카드

자료 보관 페이지

신문이나 잡지에서 스크랩한 자료를 넣어두는 포켓을 만들었습니다. 그 옆에는 사용하지 않은 포스트잇을 보관하는 등 다양하게 활용할 수 있는 포켓입니다.

① **트레이싱지로 포켓 필름**

크기가 다른 트레이싱지에 마스킹테이프를 둘러 파일로 만들었어요. 인덱스가 붙어 있고 내용물도 보여 아주 편리해요.

② **창 봉투 포켓**

위쪽에는 사용하지 않은 포스트잇을 보관하고 아래쪽에는 창 봉투를 리폼하여 다양하게 활용할 수 있는 포켓을 붙였어요.

monologue

생활의 지혜 카드

생활 속에서 활용할 수 있는 소소한 지혜를 모으는 걸 참 좋아해요. 정보를 카드 형식으로 바꿔 끼울 수 있도록 만들었답니다. 직접 찾아내는 것도 좋아해서 커피메이커 활용법 등 항상 이런저런 아이디어를 짜내고 있죠. 그렇게 시험해 본 것 중에서 좋았던 것은 다이어리에 기록해둡니다.

Trivia caed

맞춤 tip 트레이싱지로 이중 포켓 파일 만들기

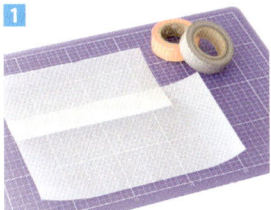

크고 작은 트레이싱지 두 장을 준비한다.

마스킹테이프로 가장자리를 정돈한다.

테이프로 노트에 붙인다.

인덱스 라벨을 붙인다.

맞춤 tip

창 봉투로 포켓 파일 만들기

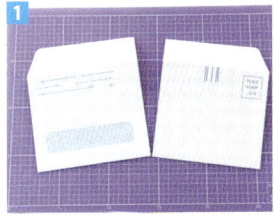

노트 크기에 맞춰 봉투를 자른다.

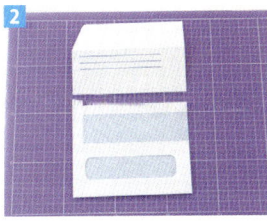

종이 윗부분을 자른다.

양면테이프로 노트에 붙인다.

Chapter **1** How to Make a Illust Diary

일러스트 샘플 3

Life Style

My Toolbox

Notebook
노트

노트는 문구점에 들르면 무심코 사게 되는 아이템 중 하나입니다. 디테일까지 마음에 들어 '이거다' 싶은 노트가 있으면 망설이지 않고 사게 되요. 종이의 질, 제본 방법, 스프링 종류 등을 비교해보는 것도 재미있고, 매번 다른 포맷의 노트를 사용하는 것도 기분전환에 그만이랍니다.

Chapter 2

Little Memo Diary
소소한 메모 다이어리

먹거리, 지도, 친구 얼굴, 꿈, 몸 푸는 법 등 평소에도 뭐든지 메모하듯 일러스트를 그리고 있습니다. 일러스트를 그려둔 것 중 일부를 소개합니다.

소소한 메모 다이어리

일러스트로
그려두고싶은 것

아이디어나 새로운 발견, 지난밤의 꿈 같은 것도 잊지 않도록 일러스트로 그려둡니다. 항상 작은 메모장을 가지고 다니면서 일러스트로 기록하죠. 그것이 일러스트 다이어리의 메모가 되기도 합니다.

호놀룰루 마라톤

첫 마라톤은 호놀룰루. 동이 트기 전 시작을 알리는 불꽃놀이, 도로변에서 응원해 주던 사람과 고급 주택가 등 점점 변해가는 풍경에 황홀해했었죠. 힘들지만 즐거웠던 추억이 함께 되살아납니다.

홍콩에서 먹은 딤섬

맛있게 먹은 딤섬 메뉴에 별을 매겼습니다. 만두, 찐 찹쌀떡은 집에서도 만들 수 있을 것 같아 열심히 관찰. (하지만 집에 가면 거의 만들지 않아요.)

프랑스 어

단어를 외울 때 일러스트를 함께 그려 보았습니다. 천천히 정성껏. 단어만 여러 번 쓰기보다는 그림과 함께 외우는 것이 잘 외워지는 것 같아요.

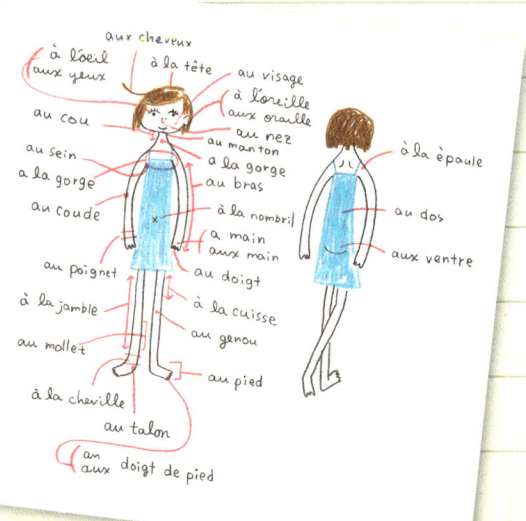

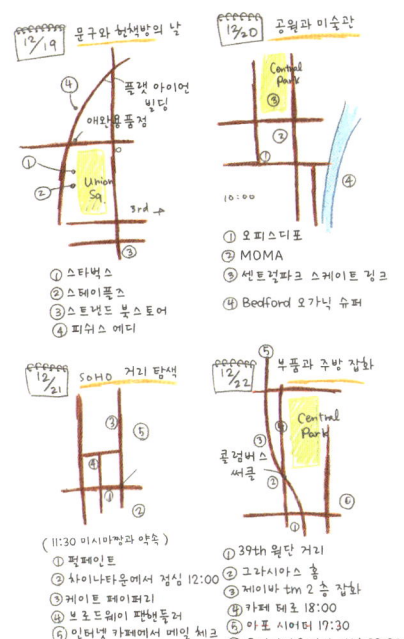

기내식

일러스트로 먹거리 내용을 알기 쉽게 기록할 수 있어요. (이 일러스트를 그릴 때 옆에 앉은 외국인이 "사진 찍어도 괜찮나요?" 하며 제 노트를 디지털카메라로 찍었답니다.)

NY 지도

뉴욕에 가서는 날마다 돌아다녔어요. 목적지를 정하고 구석구석 다녔죠. 문구점, 수예용품점에 들어가면 몇 시간씩 나올 수가 없어요. 그래서 혼자 다니지 않으면 함께 간 일행이 화날 수도 있답니다.

소소한 메모 다이어리

친구 얼굴 스케치

초등학교 시절부터 선생님 얼굴을 노트에 그렸습니다. 사회인이 된 후에는 회의 중인 상사나 동료의 얼굴을 그렸어요. 전철이나 카페에서 스마트폰을 보는 것보다는, 사람을 관찰하여 그리는 것이 재미있답니다. 반드시 닮게 그리지 않아도 괜찮아요.

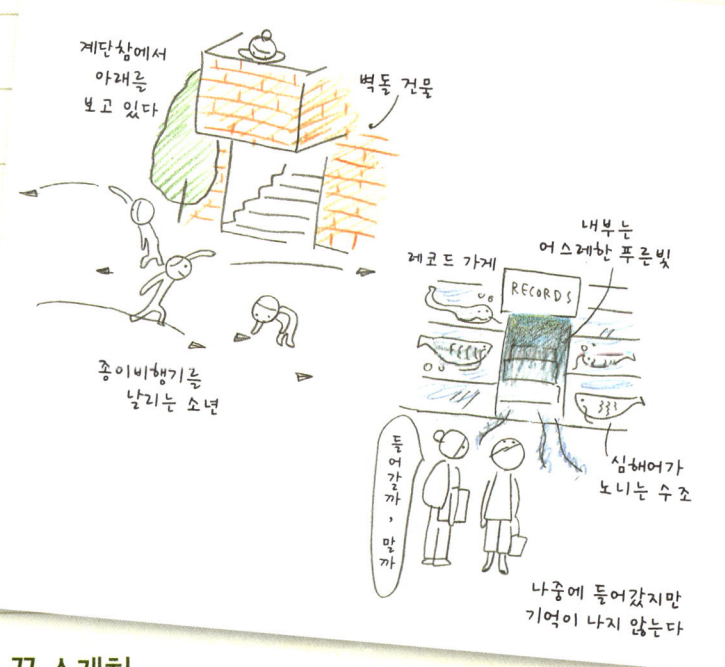

꿈 스케치

때론 기억하고 있는 꿈 장면을 노트에 그립니다. 전용 노트가 아니어도 평소 사용하는 노트 구석에 그리곤 합니다. 여러 차례 그리다가 제 꿈에는 계단이 나올 때가 많다는 사실을 알게 되었는데요. 이건 무슨 암시일까요?

패션

가끔 거리에서 눈길을 확 사로잡는 멋쟁이와 마주칠 때가 있죠. 옷 맵시나 헤어 스타일을 따라 해보고 싶을 만큼 세련된 그녀. 자신만의 감각을 더하여 스케치 해볼까요.

소소한 메모 다이어리

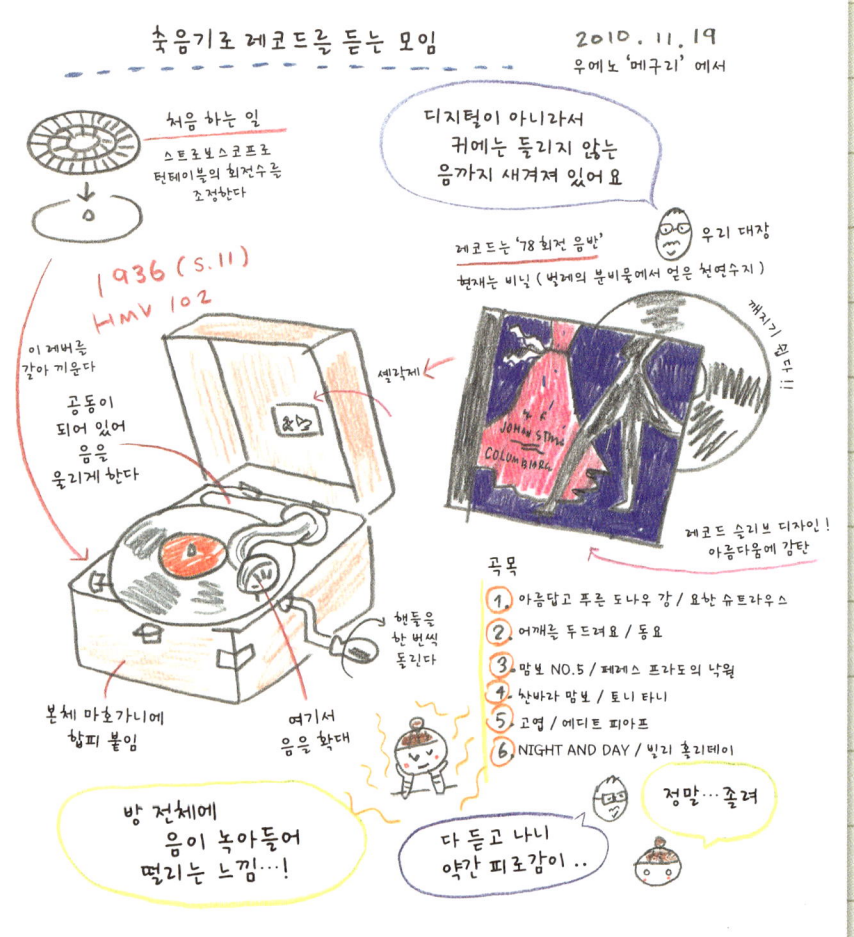

축음기를 듣는 모임

한 달에 한 번, 친한 편집자와 동료가 함께 하는 음악감상 모임이 있습니다.
78회전 음반은 보통의 레코드와는 작동법도 음향도 완전히 달라서 처음 체험하고 깜짝 놀랐답니다.

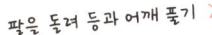

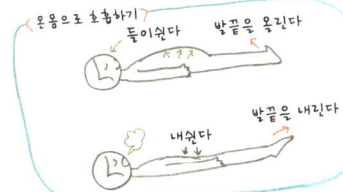
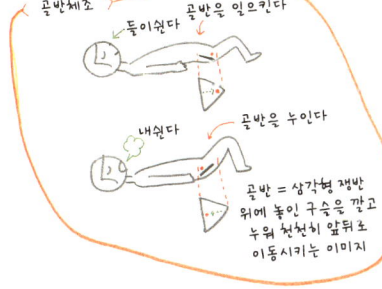

중조

잡지 일러스트 의뢰를 받으면 가끔 취재에 동행하기도 하는데요. 그곳에서 대충 밑그림을 그리고 편집 방향을 확인해두면 돌아와서 바로 실전에 돌입할 수 있습니다.

몸 푸는 법

때론 마사지 숍에 가서 저에게 맞는 호흡법과 몸 푸는 법을 배워요. 돌아가는 길엔 카페에 들러 잊지 않게 스케치를 해둡니다.

소소한 메모 다이어리

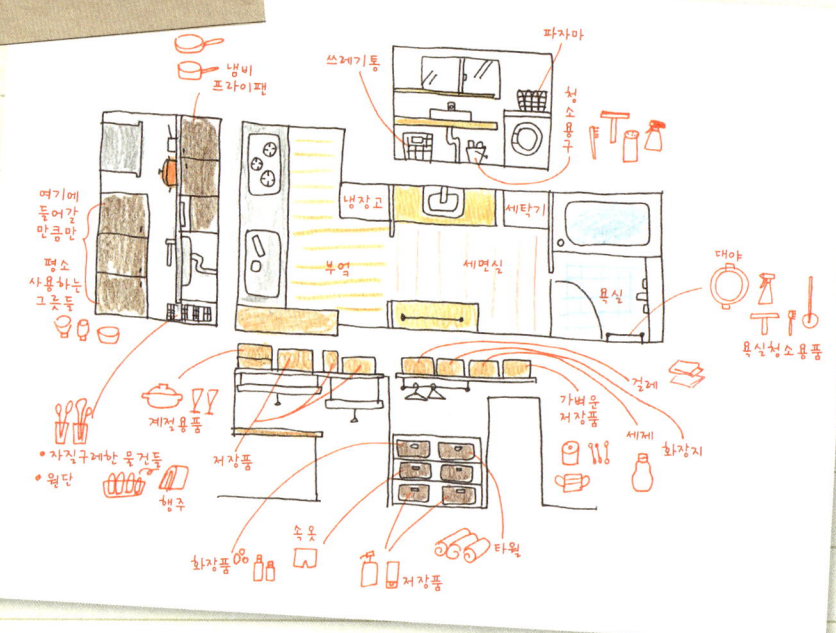

< 타일 줄눈 >

보통 줄눈

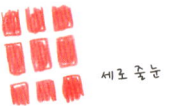
세로 줄눈

지그재그 줄눈

세로 말밥굽 줄눈

마름모꼴 줄눈

세로 줄눈

가로 말밥굽 줄눈

빗살무늬 줄눈

리폼 & 수납 계획

집을 리폼할 때 수납을 어떻게 할지 정한 다음 바로 선반을 주문했습니다. 여기에 있는 것만으로 해결하겠다는 방침을 정하고 나니, 수납 기구를 더 살 필요도 없더라고요.

타일 줄눈

일러스트 자료 조사차 도서관에 가면 도판 복사를 하지 않고 노트에 그려옵니다. 손을 움직이는 쪽이 기억에 남기도 하고 이렇게 하면 언젠간 또 다른 아이디어로 이어지기도 하거든요.

바구니 백 기획 스케치

잡화를 기획할 때는 리서치를 한 다음, 항상 원가를 스케치합니다. 선을 그어 소재나 재질을 표시해두죠.

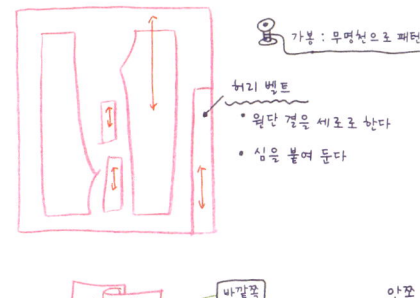

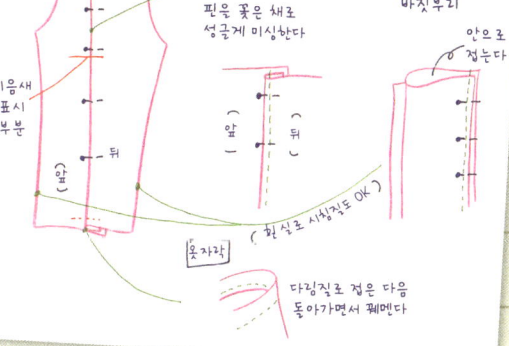

재봉

바지 만들기 강좌를 들으러 다녔을 때, 만드는 법의 포인트를 색 펜을 사용하여 유도선과 확대도로 그렸습니다. 나중에 다시 봐도 알기 쉬운 노트가 되었어요.

My Toolbox

Stationery
필기도구

마카와 색연필은 세워서 수납하고, 사용할 때는 트레이에 늘어놓고 색을 고릅니다. 밑그림을 그릴 때는 Staedtler의 심홀더와 Lamy 0.7mm를 아울러 씁니다. 농도는 B로 정해 놓았습니다. 대부분 이 도구들을 기본으로 그려요.

Chapter 3 Sharing of Life Illust Diary

일러스트 다이어리 공유하기

다이어리를 복사하거나 다른 종이에 적어 소중한 사람과 함께 하지 않겠어요? 추억에 작은 정성을 더하면 감동을 함께 할 수 있답니다.

Travel : 01 카페 다이어리

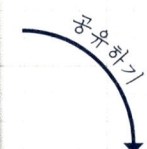

클래식한 일러스트와
어울리는 족자 편지

01 족자 편지

스무디에 딸려 나오는 굵은 빨대에 무늬가 있는 종이를 말아 끈과 장식을 붙였습니다. 고문서 같은 손편지 스타일이라 클래식한 일러스트와 잘 어울려요. 달콤한 것을 좋아하는 친구와 맛있는 과자 정보를 공유해 보세요.

Travel : 02 여행지 먹거리

콩-우-하-기

여행을 이미지한
작은 트렁크

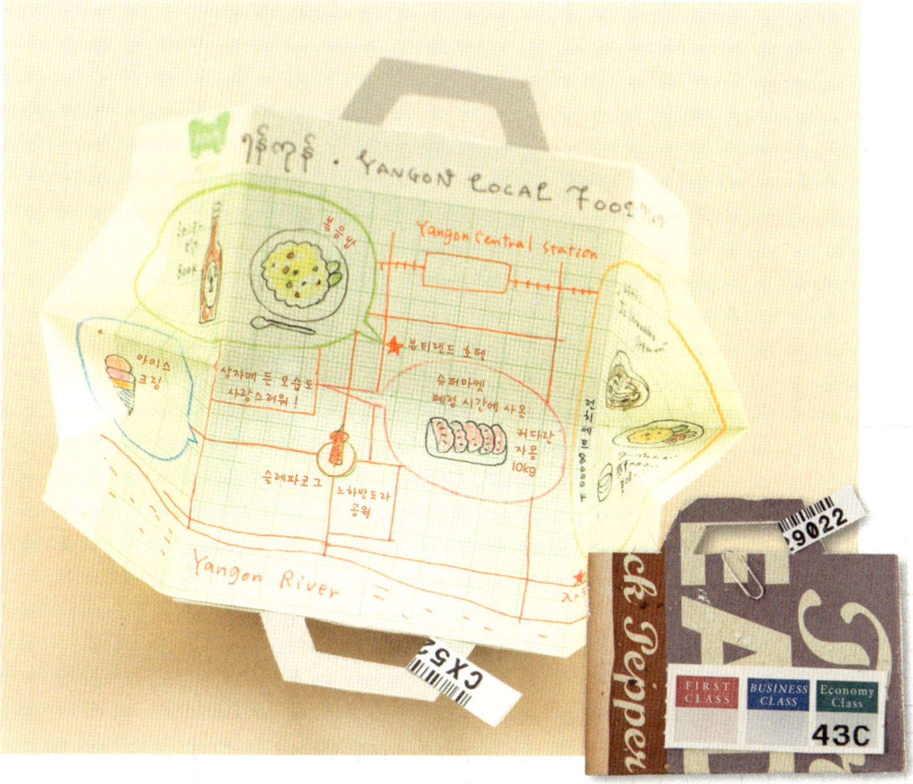

02 트렁크 편지

자신이 가본 적 있는 곳을 친구가 여행할 예정이라면 그곳의 가이드 정보를 공유합니다. 드링크 모양의 페이지지러서 여행 기분도 내! 이건 미얀마 양곤에 갔을 때의 레스토랑 가이드맵이에요.

Travel : **03** 아웃도어 다이어리

트레일 러닝 초보자
추천 가이드

03 필드 메모

트레일 러닝을 처음 하는 친구에게 갖추어야 할 복장이나 배낭에 넣을 물건 등을 일러스트로 해설하여 공유합니다. 그림으로 전하면 알아보기 쉬워 초보자도 안심. 지도는 두꺼운 종이를 사용하면 분위기가 한결 살아나요.

Travel : **04** 산책 지도

공유하기

산책 가이드 맵과
숍 카드

04 산책 안내장

산책 중에 찾아낸 멋진 가게를 친구에게 알려주기 위해 만든 아이템입니다.
숍 카드를 받아와서 가세 시도와 함께 봉투에 넣어 보냈어요. 봉투는 카드
크기에 맞춘 다음 창을 달았어요.

Chapter **3** Sharing of Illust Diary

Culture : 01 시네마 노트

공유하기

메세지를
전하는 비둘기

05 비둘기가 전하는 편지

부리 부분에 빨대를 붙인 다음 메모를 끼운 편지입니다. 포장지처럼 얇은 종이가 잘 말려져요. 사진은 음악을 좋아하는 친구에게 재즈 다큐멘터리 영화를 소개한 것이랍니다.

Culture : **03 뮤지엄 다이어리**

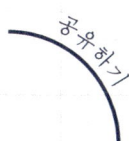

공유하기

미니 도록도 되는
수제 가이드북

06 뮤지엄 가이드 북

미술관과 박물관의 다양한 볼거리를 소개한 가이드북입니다. 액자 무늬 스탬프로 액자 모양을 만든 다음, 그 안에 일러스트를 그렸어요. 이전에 친구에게 미리 안내를 받고 미술관에 갔더니 훨씬 흥미롭더라고요. 그래서 저도 다른 사람들과 공유하려고 합니다.

Chapter **3** Sharing of Illust Diary

Life Style : 01 나의 수프 레시피

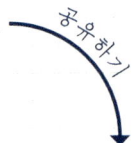

공유하기

미니 레시피를
조미료와 함께

07 미니 레시피 북

맛있는 수프 레시피를 미니북으로 만들어 식재료와 함께 선물합니다. 여러 장의 종이를 잘라서 겹친 다음, 구멍을 뚫고 링을 끼우기만 하면 제본 완성! 수프스톡이 정말 맛있길래 레시피와 함께 선물했어요.

Life Style : 02 가드닝 다이어리

공유하기

약간의 씨앗과
손수 만든 키트

08 씨뿌리기 키트

작은 종이컵을 잘라 철사를 달면 양동이처럼 됩니다. 그곳에 가드닝하고 남은 씨앗과 손수 만든 키트를 넣어 보내 보세요. 네임 플레이드 뒤에는 꽃 이름과 일러스트가 그려져 있어요.

Life Style : 03 핸드메이드 다이어리

공유하기

남은 소재로
사용법도 함께

09 수예용품 샘플러

종이 성냥을 응용하여 만들어 본 패키지입니다. 예쁜 끈이 남았길래 사용법 아이디어도 붙여서 주려고 합니다. 실과 같은 수예용품은 검은 종이를 바탕으로 사용하면 눈에 잘 띄어요. 표지에는 수예 실에 붙어 있는 스티커를 붙였어요.

Life Style : 04 생활의 지혜 카드

공유하기

알짜배기 정보가 든
태그 케이스

10 태그 포스트잇 홀더

태그 모양으로 만든 '생활의 지혜 카드'입니다. 포스트잇을 사용하여 마음대로 떼었다 붙였다 할 수 있어요. 친구에게 전해주고 싶은 것을 발견했다면 함께 나누도록 해요.

Chapter **3** Sharing of Illust Diary

My Toolbox

Paper Materials
멋진 종이 재료

종이를 다루면서 잡화 아이디어가 떠오른 적이 자주 있습니다. 골판지는 업무용 분위기가 물씬 풍겨서 좋아요. 닥종이도 늘 곁에서 떠나지 않는 재료죠. 최근에는 모눈종이와 그래프용지를 꾸준히 사용합니다. 종이 냅킨의 색상이나 재질도 유심히 살피고 있답니다.

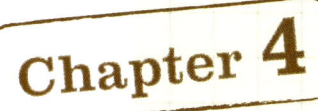

Chapter 4

Customized Diary
나만의 맞춤 다이어리

'그리는 것'만이 노트가 아닙니다. 커버를 붙이거나 노트 안에 작은 다이어리를 감춰두는 등 자유롭게 아이템을 더하여 자신만의 스타일로 만들기에 도전해 보세요.

01　　　　　　　Cover Pocket

소프트 파일 커버

보들보들한 투명 파일 케이스에 표지를 끼워 넣은 포켓 커버입니다. 수집한 것을 넣어서 악센트를 주세요.

재료
소프트 파일
면 제본 테이프
스탬프

1
소프트 파일을 표지 사이즈에 맞게 자른다.

2
끼우는 입구를 면 제본 테이프로 감싼다. 모서리는 삼각형으로 마무리한다.

3
소프트 파일에 표지를 끼워 넣는다.

4
끼우는 입구의 테이프에 스탬프를 찍어 완성.

꼬임 끈 책갈피

컬러풀한 꼬임 끈과 마스킹테이프로 만든 깃발 책갈피가 노트를 귀엽게 연출해요.

재료
꼬임 끈
마스킹테이프

1
노트보다 길게 자른 끈 한 쪽에 마스킹테이프를 붙인다.

2
가위로 삼각형 모양을 잘라 깃발을 만든다.

3
끈을 정리하여 뒤쪽에 마스킹테이프로 붙인다.

4
항목별로 책갈피를 몇 가닥씩 늘어뜨려도 OK.

03
Envelope Pocket

창 봉투 포켓

창 봉투를 재활용하여 노트 포켓으로 사용합니다. 창이 붙어 있어 내용물이 잘 보이기 때문에 쓰기에도 편리해요.

재료
창 봉투
양면테이프

1
가로형 창 봉투를 양 끝 2cm 부분에서 접는다.

2
접은 부분을 한 번 펼친 다음 아래쪽 양 모서리를 가위로 자른다.

3
안쪽을 접어 넣고 옆쪽에 주름을 넣는다.

4
입구 부분을 여닫기 쉽도록 V자 모양으로 잘라 노트에 붙인다.

04

String Binding Cover

끈으로 철한 표지

노트 표지가 펼쳐지는 것을 막기 위해 꼬임 끈을 달아 보았습니다. 끈 끝에 달린 열쇠 장식이 매력 포인트.

재료
꼬임 끈(40cm 정도)
두꺼운 종이
아일렛 펀치
라벨 스티커
열쇠 장식

1. 표지에 둥글게 자른 두꺼운 종이를 아일렛으로 고정한다.

2. 뒤표지에 펀치 구멍을 내어 끈을 아일렛으로 고정한다.

3. 끈 끝에 장식을 단다. 끈을 쉽게 찾는 포인트가 된다.

4. 옆쪽에 라벨을 붙여 포인트를 준다.

05
Index of Label Seal

라벨지로 만든 둥근 인덱스

컬러풀하면서 크기도 다양한 라벨로 만든 인덱스입니다. 노트 분위기가 확 달라졌어요.

재료
둥근 라벨지
(10, 15, 20, 30mm)

1
표시하고 싶은 페이지 끝에 둥근 라벨을 점착 면이 위로 오게 붙인다.

2
같은 크기의 둥근 라벨을 접착 면끼리 어긋나지 않게 맞춰서 붙인다.

3
색인하기 쉽도록 다양한 사이즈의 스티커를 적당한 간격을 두고 붙인다.

4
위쪽으로도 튀어나오게 하여 리드미컬하고 재미있는 다이어리로 완성.

다이어리 인 다이어리

여러 장의 메모를 고무 밴드로 고정하기만 하면 되는 미니 다이어리입니다. 다 적어 넣을 수 없는 정보나 추가로 덧붙이고 싶은 정보를 기록하는데 편리해요.

재료
종이
고무 밴드

1. 다이어리보다 작은 종이를 준비하여 반으로 접는다.

2. 반으로 접은 종이를 여러 장 겹쳐 고무 밴드로 고정한다.

Variation
종이 한 장을 양옆으로 펼치는 방법도 있다.

Variation
미니 다이어리 두 개로 하는 방법도 있다.

아코디언 북

종이를 접어서 붙이기만 하면 끝. 덧붙이고 싶은 정보가 있을 때는 계속 이어서 늘리면 돼요.

재료
그래프용지 종이
풀
마스킹테이프

1
그래프용지를 가늘고 길게 잘라 아코디언 모양으로 접는다.

2
다이어리에 풀로 붙인다.

3
①의 종이를 마스킹테이프로 이어서 페이지 수를 늘리는 것도 가능하다.

Variation
커터 칼로 칼자국을 내면 미니 앨범으로도 사용 가능하다.

커피 필터 포켓

커피 필터를 겹쳐 붙이기만 하면 보기에도 아주 깜찍하고 간단한 포켓이 생긴답니다.

재료
커피 필터 3장
양면테이프

1 커피 필터의 한 면에 양면테이프를 붙인다.

2 3장이 겹쳐지지 않도록 붙인다.

3 다이어리 뒤표지에 양면테이프로 붙인다.

Variation 크기가 다른 포켓을 붙여 2단 포켓으로 만들어도 귀엽다.

고무 밴드 펜 홀더

표지를 고정하는 밴드에 펜홀더를 달았습니다. 필기구가 바로 눈에 띄지 않을 때도 이것만 있으면 OK!

재료
컬러 고무 밴드
가죽 조각
스플리트 핀

1
노트를 한 바퀴 감싸는 길이의 컬러 고무 밴드, 가죽 조각, 스플리트 핀을 준비한다.

2
가죽 조각에 양면테이프를 붙여 컬러 고무 밴드에 고정시킨다.

3
가죽 조각과 컬러 고무 밴드를 겹쳐 커터 칼로 칼집을 넣은 다음 스플리트 핀을 끼운다.

4
스플리트 핀을 뒤에서 벌려 컬러 고무 밴드와 가죽 조각을 고정시키면 OK.

10
Note Cover of Envelope

잠자리 핀 봉투 다이어리 커버

잠자리 핀이 달린 봉투를 잘라 포켓이 달린 B5슬림 다이어리 커버를 만들어 봤어요.

재료
잠자리 핀 2호 봉투
면 제본 테이프
B5슬림 다이어리

1
봉투 안에 커팅 매트를 넣고 양쪽 끝에서 10cm 부분에 칼집을 넣는다.

2
봉투를 반으로 접어 접힌 부분을 면 제본 테이프로 마무리한다.

3
B5슬림노트의 앞표지와 뒤표지를 ①의 칼집에 끼워 넣는다.

4
표지의 잠자리 핀을 열면 수납 포켓으로 완성.

Chapter 4 **Customized Diary**

매일 똑같은 일상의 반복 속에서
어느샌가 사라져간 소소한 일들도
그려두고 간직했더라면….
다이어리는 과거와 현재를 이어주는
선물임을 깨닫게 되었습니다.
'그때의 풍경'이 적절히 자신에게 스며들거나,
과거의 자신에게서 뜻밖의 지혜를 얻거나,
친구들과 추억을 공유하는 도구가 되는
그런 생활을 즐길 수 있는 기쁨을
함께 느낄 수 있다면 얼마나 행복할까요.

우다가와 가즈미

지은이 **우다가와 가즈미**
도쿄에서 출생하여 무사시노미술대학을 졸업했다. 잡화 브랜드에서 디자이너로 근무하며 상품 기획, 숍 오픈 등 잡화 분야의 전반적인 일에 종사했다. 현재는 프리랜서로 잡화 기획 디자인과 책이나 잡지 등의 일러스트레이터로 활약 중이다. 저서로는 『핸드메이드 팬시용품』, 『일상이 즐거워지는 팬시용품 만들기』가 있다.

옮긴이 **장은주**
동의대학교를 졸업하였으며, 일본어 통번역 프리랜서로 활동하다가 활자의 매력에 이끌려 번역의 길로 들어섰다. 글밥 아카데미 수료 후, 바른번역 회원으로 활동 중이며 옮긴 책으로는 『스님의 청소법』, 『손정의』, 『마흔을 위한 기억수업』, 『중년수업』, 『인생에 대한 예의』, 『위기돌파력』 등이 있다.

ILLUSTRATION TO CRAFT DE TEDUKURI LIFE-LOG-NOTE
by Kazumi Udagawa
Copyright ⓒ 2011 Kazumi Udagawa All rights reserved.
Original Japanese edition published by Gijyutsu-Hyoron Co., Ltd., Tokyo

This Korean language edition published by arrangement with Gijyutsu-Hyoron Co., Ltd., Tokyo
in care of Tuttle-Mori Agency, Inc., Tokyo through BC Agency, Seoul.

이 책의 한국어판 저작권은 BC 에이전시를 통한
저작권자와의 독점 계약으로 디자인이음에 있습니다. 저작권법에 의해
한국내에서 보호를 받는 저작권물이므로 무단전재와 복제를 금합니다.

1판 1쇄 발행 2013년 1월 20일

지은이	우다가와 가즈미
옮긴이	장은주
발행인	이상영
편집인	서상민
디자인	이현주
펴낸곳	디자인이음

등록일	2009년 2월 4일 : 제 300-2009-10호
주소	서울시 종로구 효자동 64 이음빌딩 501
전화	02-723-2556
팩스	02-723-2557
이메일	designeum@naver.com
블로그	blog.naver.com/designeum
트위터	@designeum

값 12,000원
ISBN 978-89-94796-12-3   13600